es 1214

edition suhrkamp

Neue Folge Band 214

Im Zusammenhang mit der geplanten Stationierung amerikanischer Pershing II-Raketen und Cruise Missiles auf deutschem Boden wird – von manchen gefürchtet, von anderen gewünscht – ein »heißer Herbst« vorausgesagt. In dieser Debatte hat der bisher in der deutschen politischen Kultur nicht heimische Begriff des »zivilen Ungehorsams« eine prominente Stellung erlangt: von den einen wird er als Gewalt abgelehnt, von anderen als legitimer Bestandteil der Rechte jedes einzelnen angesehen. Die hier wiedergegebenen Vorträge und Diskussionen einer Veranstaltung des »Kulturforums der Sozialdemokratie« im September 1983 unternehmen es, Voraussetzungen, Mittel und Konsequenzen zivilen Ungehorsams zu bestimmen.

Ziviler Ungehorsam im Rechtsstaat

Herausgegeben von
Peter Glotz

Suhrkamp

edition suhrkamp 1214
Neue Folge Band 214
Erste Auflage 1983

Erstausgabe

Satz und Druck: Georg Wagner, Nördlingen
Printed in Germany
Umschlagentwurf: Willy Fleckhaus

1 2 3 4 5 6 – 88 87 86 85 84 83

Inhalt

Peter Glotz
Am Widerstand scheiden sich die Geister

Die Raketendebatte treibt die Gesellschaft der Bundesrepublik schon seit Jahren auseinander. Eine erhebliche Minderheit der Gesellschaft hält die Stationierung neuer Mittelstrekkenraketen mit kurzer Vorwarnzeit für eine existentielle Gefahr. Gegenwärtig sind zwar 83 Prozent unserer Bürger für eine Verankerung der Bundesrepublik im westlichen Bündnis; aber eine knappe Mehrheit (50,3 Prozent) lehnt – gegen die Politik dieses Bündnisses – die Stationierung neuer Raketen bedingungslos ab – »egal, was der Osten tut«. 75 Prozent der Menschen wollen, daß die Verhandlungen in Genf weitergehen sollen, wenn es bis zum Herbst zu keiner Einigung gekommen ist. Trotzdem meinen 52 Prozent der Deutschen, daß noch in diesem Jahr neue Raketen aufgestellt werden.

Niemand weiß, wie sich diese Momentaufnahmen von Meinungsbildern unter dem Einfluß der öffentlichen Debatten und der politischen Kämpfe der nächsten Monate verändern werden. Eins aber ist klar: die tiefe Spaltung unserer Gesellschaft in zwei Lager, die sich keineswegs mit den traditionellen Grenzen zwischen den politischen Heerhaufen decken. Nichts leuchtet in diesen Riß tiefer hinein als die leidenschaftliche theoretische Debatte katholischer Bischöfe über die Hinnehmbarkeit der Abschreckungsdoktrin. Man muß sich klar machen: Hier wird nicht eine von tausend politischen Streitfragen verhandelt, hier bündelt sich die ganze Ratlosigkeit einer sich selbst fragwürdig gewordenen industriellen Zivilisation an einer technischen Entscheidung.

Nichts wäre schlimmer, als wenn die politischen Führer unseres Staates auf diesen Konflikt mit nonchalantem Rechtspositivismus oder gar mit autoritären Drohgebärden reagieren würden. Die Idee, daß man diesem Staat einen Gefallen täte, wenn man gleichzeitig mit der Stationierung das Demonstrationsstrafrecht verschärfte und ein Vermummungsverbot erließe, ist von lebensgefährlicher Dummheit. Wer Konflikte wie diesen – statt sie politisch zu lösen – der Polizei hineinschiebt, mißbraucht die Polizei und riskiert eine schwere Beschädigung der politischen Kultur.

Unser effektiver Innenminister befürchtet einen »heißen Herbst«. Mal abgesehen davon, daß man den auch herbeireden kann: Bei allen Konflikten, die uns bevorstehen mögen, müssen wir im Auge behalten, daß die Legitimation durch Verfahren – also der bloße Verweis auf die Mehrheitsentscheidung – allein nicht mehr genügt. Was wir brauchen, ist der Prozeß der stets neu erforderlichen Versöhnung von Legalität und Legitimität.

In der Staatsform, die wir uns ausgesucht haben, ist Recht ein auf Konsens angelegtes – und angewiesenes – Ordnungsprogramm. Recht, das bei einem Großteil der Bevölkerung keinen Widerhall mehr fände, wäre als Recht nicht durchzusetzen. Deshalb müssen wir es uns zum Prinzip machen, in vernünftigem Argumentieren eine zwanglose Einigung zu versuchen, alles zu unterlassen, was zur Eskalation der Gewalt führen könnte, und alles zu tun, was den Gemeinschaftsfrieden mit *politischen* Mitteln herstellt.

Die Sozialdemokraten haben diesen Staat mitgeschaffen; sie haben gar nichts dagegen, als »Staatspartei« bezeichnet zu werden, wenn man ihnen nicht abspricht, auch Gesellschaftspartei zu sein; sie sind für Recht und Gesetz. Sie sind aber gleichzeitig *gegen* die schematische Einsetzung staatlicher Machtmittel, *für* die überlegte Abwägung unterschiedlicher Rechtsgüter – und für die Maxime des Philosophen Hans Jonas, der gesagt hat, daß es die Voraussetzung der Staatskunst sei, künftige Staatskunst zu ermöglichen.

I

Die Bundesrepublik ist eine parlamentarische Demokratie; das aber heißt nicht, daß Bürgerprotest und Bürgerinitiativen nur ein halb-legitimer Bestandteil unserer Verfassungswirklichkeit wären. Bürgerinitiativen gehören genauso zur Demokratie wie Parlamente, Parteien und Verbände.

Deswegen keine schnell fertigen Vorwürfe gegen das angeblich »Plebiszitäre« oder gar »die Straße«. So ist es nicht, daß die Bürger zwischen den Wahlen zu »schweigendem Gehorsam« verpflichtet wären. Es dient dem Sozialstaat, wenn unterrepräsentierte Interessen durch Bürgeraktivitäten in den politischen Prozeß eingeführt werden. Das Parlament ist der zentrale Ort zur Austragung von Konflikten, aber nicht der einzige.

Die Friedensbewegung, so schreiben wir Sozialdemokraten in unseren Resolutionen, sei ein schwieriger Bündnispartner, aber eben ein Bündnispartner der SPD. Das heißt: Die Sozialdemokratische Partei – als Partei – hält ein anderes Bindemittel zusammen als die lose Bewegung. Wir orientieren uns nicht auf einen Punkt hin, sondern auf ein zusammengesetzteres Ziel. Aber wer wollte bestreiten, daß die Friedensbewegung die erstarrte Diplomatie der Rüstungskontrolle in Bewegung gebracht hat? Und zwar zu einem Zeitpunkt, als das mehr als nötig war?

Wenn das Parlament das zentrale Forum der parlamentarischen Demokratie ist, dann muß über die Nachrüstung auch durch das Parlament entschieden werden; und zwar nicht *en passant,* sondern in einer großen, für alle verständlich werdenden Debatte. Dabei ist nicht die juristische Frage entscheidend, ob man ein Gesetz braucht oder ob eine Entschließung genügt – was immer für spitzfindige Folgerungen die Staatsrechtler an diese Streitfrage koppeln. Im Kern geht es darum, daß jeder Abgeordnete zu einem Zeitpunkt, wo er alle verfügbaren Informationen hat, nach einer ausführlichen und ernsthaften Abwägung aller Argumente mit seinem Namen für ein Ja oder ein Nein einsteht.

Die Berufung auf eine Entscheidung von 1979 – als man den Verlauf der Genfer Verhandlungen nicht kennen konnte – ist genauso untauglich wie die auf die letzte Wahl, die von der Kontroverse um den »Aufschwung« entschieden wurde. Wenn das Parlament hier die Chance verpassen würde, sich als Forum der Nation zu präsentieren – und damit übrigens auch die Grünen gerade durch die Auseinandersetzung mit ihrem Widerspruch zu integrieren –, entmachtete es sich selber.

Der Verfassungsrichter Helmut Simon hat eine konsultative Volksbefragung vorgeschlagen, um die Legitimität der Entscheidung zu untermauern und dadurch einem gewaltsamen Widerstand den Boden zu entziehen. Wenn der Bundestag eine solche Befragung mit Zwei-Drittel-Mehrheit beschlösse, dürften die rechtlichen Bedenken dagegen in sich zusammenfallen.

Die SPD greift diesen Vorschlag *aus politischen Gründen* nicht auf. Der Grund dafür liegt nicht in grundsätzlichen Bedenken gegen Volksbefragungen, von denen zwar einige Sozialdemokraten bewegt werden, die sich aber aus Programmatik und Geschichte der SPD nicht herleiten lassen. Viele Landesverfassungen kennen dieses Instrument; die bayerische Sozialdemokratie hat, aus einer aussichtslosen Minderheitsposition heraus, ihre größten Erfolge mit Volksbegehren erkämpft; die Tradition von Männern wie Hoegner und Zinn ist unvergessen. Aber es wäre falsch, der Verfassungswirklichkeit ein neues Handlungsinstrument *ad hoc* einzufügen, zur Lösung eines – noch so wichtigen – Konflikts. Man muß sich auch die Frage stellen, ob der konsultative Charakter nicht eine Fiktion wäre – könnte das Parlament gegen eine Mehrheit des Volkes entscheiden? Und vor allem: Wer befragt das Volk? Wenn Volksbefragungen nicht das Instrument einer Minderheit sind, das gegen die Mehrheit unter qualifizierten Bedingungen durchgesetzt wird, sondern wenn die Parlamentsmehrheit ihr Volk schlicht so befragt, wie sie es für richtig hält – kann das Instrument dann seinen Sinn erfüllen?

In einer Zeit, in der die technischen Fähigkeiten des Menschen so gewachsen sind, daß er nicht nur sein eigenes Volk, sondern die ganze menschliche Existenz auslöschen kann, kann man fragen, ob die Verfassung, wie sie die Bonner Gründer-Generation aufgrund der Weimarer Erfahrungen formuliert hat, auch noch für die Zukunft ohne jede Ergänzung geeignet ist. Aber man sollte diese Frage nicht entscheiden, um jetzt in einer konkreten Streitfrage die Konflikte zu entschärfen.

II

Zum Angelpunkt der Auseinandersetzung wird im Raketenkonflikt für viele Menschen das *Gewissen.* Es ist die alte Diskussion: »Wenn aber das Gesetz so beschaffen ist« – so formulierte Henry David Thoreau vor mehr als 100 Jahren gegen die Sklaverei in Amerika –, »daß es notwendigerweise aus Dir den Arm des Unrechts an einem anderen macht, dann sage ich, brich das Gesetz. Mach Dein Leben zu einem Gegengewicht, um die Maschine aufzuhalten.« In der modernen Fassung formuliert Bundesrichter Heinz Recken: »Wenn man davon ausgehen muß, daß die sogenannte Nachrüstung, die ja dann zu einer Nach-Nachrüstung führt, unsere Existenz unmittelbar bedroht, weil den Sowjets unter Umständen gar nichts anderes übrigbleibt, als sich gegen die amerikanischen Raketen durch einen Präventivschlag abzusichern . . ., dann bedeutet das eine akute Lebensgefahr für uns alle, und das gewährt andere Rechte, als wenn es nur darum geht, daß irgendein Gesetz den Bürgern paßt oder einer Minderheit nicht paßt.«

Wir Sozialdemokraten haben für die Gewissensfreiheit immer gekämpft und werden es weiter tun. Wir warnen aber davor, zu schnell aus der Politik ins Gewissen zu retirieren und die Gewissensfreiheit als Grundrecht zu verstehen, das alle anderen Grundrechte aushebelt. Für den einen ist Abtreibung Mord und rechtfertigt den Boykott von Steuern oder Krankenversicherung; für den anderen ist es die Pershing oder ein Atomkraftwerk. Der eilfertige Rückzug auf das Gewissen gefährdet die Kulturleistung des staatlichen Gewaltmonopols.

Im übrigen hilft in aktuellen Streitfällen immer noch der Rückgriff auf die Väter. Adolf Arndt: »Wenn Gesetz und Gewissen zueinander in Widerspruch geraten, befreit Artikel 4 Abs. 1 des Grundgesetzes allein von der Verpflichtung, die vom Gewissen unüberwindlich als böse erkannte Handlung eigenhändig zu vollziehen. Die Gewissensfreiheit erspart insoweit einzig das Selber-Tun. Wer auf den Einfall kommt, sein Gewissen verbiete ihm, die Steuern zu bezahlen, muß sich gefallen lassen, daß die Steuern zwangsweise bei ihm eingezogen werden.«

Die Stationierung neuer Raketen in der Bundesrepublik rechtfertigt auch für den, der sie schärfstens ablehnt, nicht die Anwendung von Gewalt. Wer sich »für das Leben« entscheidet, darf nicht das Opfer von Menschenleben in Kauf nehmen. Wer den Frieden will, darf nicht Unfrieden stiften. Und dies nicht aus »strategischen« Gründen – weil Gewaltanwendung »aussichtslos« wäre oder die Gegenkräfte »spalten« würde –, sondern aufgrund einer fundamentalen Wertung: Die Sozialdemokraten billigen dem von ihnen mitgestalteten Staat Bundesrepublik Deutschland – anders als dem Staat der Nazis und anderer Diktaturen und Unrechtsstaaten – das Monopol einer als legitim angesehenen Gewaltsamkeit zu. Deswegen akzeptieren sie auch nicht die Unterscheidung von Gewalt gegen Personen und Gewalt gegen Sachen. Unsere Beurteilung lautet: So schwer auch bei uns erstarrte Verhältnisse verändert werden können, nichts rechtfertigt den verhängnisvollen Schritt in den Teufelskreis der Gewalt.

III

Den Putsch von Kapp und Lüttwitz im März 1920 hat ein Generalstreik der Arbeiter niedergeschlagen, den die SPD unterstützte. Otto Wels forderte damals im Namen des sozialdemokratischen Parteivorstandes: »Streikt! Schneidet dieser reaktionären Clique die Luft ab. Kämpft mit jedem Mittel um die Erhaltung der Republik. Laßt allen Zwist beiseite.«

In einer vergleichbaren Situation würde die SPD nicht anders handeln als damals. Die Stationierung von neuen Raketen rechtfertigt aber den »Kampf mit jedem Mittel« nicht. Es wäre unverantwortlich, über eine noch so wichtige Kontroverse um die Sicherung des äußeren Friedens den inneren Frieden zu zerschlagen.

Im übrigen wird über den Massenstreik in der Bundesrepublik eine Philisterdiskussion geführt. Hätte Oskar Lafontaine Rosa Luxemburg gelesen, er hätte das Wort vom Generalstreik auch in vorsichtiger Form nicht erwähnt. Rosa Luxemburg hat nämlich gesagt: »Den Anlaß und den Moment vorauszubestimmen, an dem die Massenstreiks in Deutschland ausbrechen sollen, liegt außerhalb der Macht der Sozialdemokratie, weil es außerhalb ihrer Macht liegt, geschichtliche Situationen durch Parteitagsbeschlüsse herbeizuführen.« Generalstreiks brechen aus, wenn sich Millionen von Menschen unter ganz bestimmten Bedingungen gegen schreiendes Unrecht gemeinsam erheben. Eine Mehrheit wird es begrüßen, eine Minderheit wird es bedauern, aber unbestreitbar ist: Wegen der Aufstellung neuer Raketen wird eine solche Erhebung in der Bundesrepublik nicht stattfinden.

Ähnlich schrieb Eduard Bernstein: »Große Massen sind aber nur bei tiefgreifender Erregung zur gemeinsamen Arbeitsniederlegung zu bewegen. Aus diesem Grunde verbietet es sich, mit der Idee des politischen Massenstreiks irgendein Spiel oder Sport zu treiben. Leichtfertige Inszenierung von politischen Streiks ist nicht anders zu beurteilen wie ehedem die leichtfertige Inszenierung von Barrikadenputschen, d. h. sie ist als zwecklose Aufopferung von Existenzen zu verwerfen.«

Es gibt Meinungen in der Rechtswissenschaft, nach denen die Stationierung von Nuklearraketen den Artikel 2 Abs. 2 des Grundgesetzes verletze oder der Ersteinsatz von Nuklearwaffen gegen das Kriegsvölkerrecht und das Verbot des Angriffskriegs (Art. 26 GG) verstoße; die Stationierung solcher Waffen sei als »Vorbereitungshandlung« deshalb ebenso verboten. Wer solche Ansichten teilt, muß den Rechtsweg beschreiten. Er kann keineswegs geltend machen, daß er sich gegen illegale Maßnahmen des Staates wehren müsse.

Das Widerstandsrecht aus Artikel 20 Abs. 4 des Grundgesetzes ist ein exzeptionelles Notrecht in einer staatsstreich- oder bürgerkriegsähnlichen Situation. Es schützt den demokratischen und sozialen Bundesstaat, die repräsentative und gewaltenteilende Demokratie und die Rechtsstaatlichkeit; nichts sonst. Als Notrecht kann es nur in extremen Ausnahmesituationen – etwa im Falle eines offenen Verfassungskonflikts zwischen Verfassungsgerichtsbarkeit und Exekutive oder bei einem Putsch – zum Zuge kommen. Wir können uns fragen, ob wir mit dem Widerstandsrecht nicht das schlechthin Unnormierbare normiert haben; aber wir können die großen Streitfragen unserer Zeit nicht unter Berufung auf ein Widerstandsrecht *neben* der Verfassung austragen.

Eine erhebliche Minderheit der Bürger der Bundesrepublik proklamiert nun gegen die Stationierung von Pershing und Cruise Missiles gewaltfreien Widerstand. Für die Sozialdemokratie als der ältesten politischen Kraft unseres Landes ist der Begriff »Widerstand« untrennbar mit dem Kampf gegen den Staat der Sozialistengesetze, die Nazi-Diktatur oder den Stalinismus verbunden. Wir bestehen auf der begrifflichen Klarheit, daß die Auseinandersetzung mit ungerechten Sozialgesetzen oder falschen außenpolitischen Entscheidungen in der Bundesrepublik etwas anderes ist als beispielsweise der Existenzkampf der demokratischen Opposition gegen Hitler.

Ziviler Ungehorsam, der nach den Vorbildern von Gandhi oder Martin Luther King durch moralischen Druck die Regierenden zu einem Überdenken als fragwürdig angesehener Entscheidungen führen soll, darf nicht moralisch disqualifiziert werden. Er stammt aus einer *individuellen* Gewissensentscheidung; deshalb kann die Partei *als Kollektiv* dazu niemals auffordern. Wer aufgrund einer individuellen Gewissensentscheidung zivilen Ungehorsam leistet und gewaltfrei Gesetze oder gesetzesähnliche Bestimmungen übertritt, muß für die Konsequenzen einstehen. Tut er das, mag man sein Handeln als falsch kritisieren; wenn man ihn dann aber zum Gegner der freiheitlich-demokratischen Grundordnung stilisieren will, wird das den Widerspruch der Sozialdemokraten finden.

IV

Die SPD als große Volkspartei hat in den gesellschaftlichen Konflikten eine andere Rolle als die Bürgerinitiativen; sie fällt politische Entscheidungen nach dem Mehrheitsprinzip, aber sie betrachtet auch diejenigen, die einer solchen Entscheidung im Einzelfall nicht zustimmen, weiterhin als Genossen. Eine Volkspartei muß aushalten, daß sie bei vielen Demonstrationen sowohl unter den Demonstranten als auch unter den Polizisten, die pflichtgemäß gegen die Demonstranten vorgehen, Anhänger hat. Wer nicht begreift, daß eine politische Partei die Gewissen ihrer Mitglieder nicht normieren kann, hat die Demokratie nicht begriffen.

Die Friedensbewegung handelt auf der Grundlage eines Minimalkonsenses; das ist ihre Stärke und ihre Schwäche zugleich. Wenn sie sich eindimensional nur auf die Verhinderung der Stationierung von Pershing und Cruise Missiles orientiert, läuft sie Gefahr, nach einem Mißerfolg zu zerfallen wie die außerparlamentarische Opposition Ende der sechziger oder die Anti-Atombewegung der fünfziger Jahre.

Die SPD dagegen handelt auf der Grundlage eines in der Praxis (von Wahlkämpfen und Diplomatie) gehärteten außenpolitischen Konzepts von Entspannungspolitik und Sicherheitspartnerschaft. Ihre Aufgabe ist es, den Kampf um eine neue konsensfähige Strategie des westlichen Bündnisses aufzunehmen und auszuhalten.

Günter Schröder
Für eine politische Lösung

Meine Damen und Herren, wenn es nach dem Zeitplan ginge, den wir uns gesetzt haben, dann wäre meine Sprechzeit schon zu Ende und die Polizei dürfte schweigen. Zweite Vorbemerkung: Wenn der Erste, der spricht, auch immer Akzente setzen soll, dann würde ich es bedauern, daß die Polizei beginnt: die hat bis zum Jahr 1945 zu viel Akzente gesetzt. Dritte Vorbemerkung: Wenn es danach geht, daß man Sachverstand haben muß, dann habe ich zumindest nach Herrn Zimmermann keinen im Bereich der Polizei. Und trotzdem danke ich, daß ich eingeladen worden bin, und will dann versuchen, meine Thesen vorzutragen.

Ich habe heute morgen das Vergnügen gehabt*, dem Redner, der nach mir folgen soll, zuhören zu dürfen. Ich nehme an, daß Jo Leinen auf dieses Ereignis, zumindest am Rande, eingehen wird, denn es wird ihm auch nicht jeden Tag geboten, daß 1000 Polizisten zuhören, *vor* einer Demonstration, ruhig in einem Saal, nicht immer seiner Meinung, selbstverständlich. Es würde, glaube ich, den Sinn der Veranstaltung nicht treffen, wenn ich nun nach vorgefertigtem Manuskript das alles herunterbeten müßte, was wir uns aufgeschrieben haben. Die Theorie kennen wir von unseren Schulen, das kennen wir von der Polizeiführungsakademie, aber das hilft uns Polizisten und den Bürgern am allerwenigsten; deshalb will ich nur herausgreifen, was m. E. in einer Zeit gesagt werden soll, in der einige meinen, es gäbe einen heißen Herbst. Der Veranstalter hat durch den Bundesgeschäftsfüh-

* Gemeint ist eine Veranstaltung des nordrhein-westfälischen Innenministers H. Schnoor und der Bereitschaftspolizei Brühl mit Vertretern der Bundeswehr und der Friedensbewegung vor ca. 1000 jungen Polizeibeamten.

rer in seinen einleitenden Worten etwas getan, was wir alle tun und was nicht richtig ist: Hier wird aus alter Erfahrung und Tradition davon gesprochen, daß Polizei gegen Demonstranten eingesetzt wird. Wenn dies so wäre, wäre das Verfassungsbruch. Die Polizei muß in unserem Staat und darf, möchte ich sagen, erlauben, daß man demonstriert. Das ist ein Wesensmerkmal unserer Verfassung. Nur diejenigen, die nicht demonstrieren, sondern demolieren wollen, die müßten von uns behelligt werden. Aber der Begriff »Demonstration« – das ist eine Zeiterscheinung; und es sitzen ja sehr viel kompetente Damen und Herren hier im Raum, um dieser Tendenz auch in den Medien deutlicher widersprechen zu können – ist heute schon ein anrüchiger. Dabei war der Demonstrationsbegriff von den Müttern und Vätern des Grundgesetzes positiv gemeint. Dagegen: Wer heute zur Demo geht, bei dem zuckt man schon mit den Mundwinkeln. Ich weiß nicht, ob wir eines Tages, wenn wir noch Zeit dafür haben, uns freuen, daß wir demonstrieren können, Studenten oder Arbeitnehmer, ob im Ruhrgebiet oder wo auch immer. Ich weiß nicht, was für Zeiten kommen. Also bitte ich um Begriffsklarheit: Demonstration kann nicht von der Polizei als etwas aufgefaßt werden, wogegen man sein müsse. Ich weiß aber auch, welche verwaschenen Begriffe in unseren eigenen Einsatzbefehlen vorhanden sind.

Der zweite Punkt ist etwas, was richtig ist, aber was eigentlich in die heutige Zeit nicht hineinpaßt. Polizeieinsatz bis zum Jahre 1945 zumindest, und auch noch in verschiedenen Fällen heute, wurde und wird als ein Instrument des Staates betrachtet. Wenn dem so in letzter Konsequenz wäre, dann müßten sich politisch verantwortliche Kräfte an die Arbeit machen, um dieses zu ändern. Wir dürfen kein Instrument, schon gar nicht ein willenloses Instrument, sein. Wir sind ein Machtmittel, zweifelsohne, aber kein Werkzeug, das man einsetzt; das Wort *»Einsatzbefehle«*, das es bei uns gibt, soll vielleicht auch zum Ausdruck bringen, daß man einen Hundertschaftsführer hat und drei Zugführer und 97 Mann Mannschaft, und die werden dann *eingesetzt*. Hierüber lohnt es sich nachzudenken, es lohnt sich auch, darüber zu philosophieren, aber nicht innerhalb der 15 Minuten, die ich von Ihnen geschenkt bekommen habe.

Der dritte Punkt: Wenn man zu früherer Zeit glaubte, man könne das Problem von Kernenergie oder Wohnungsnot damit lösen, indem man möglichst junge Polizisten einsetzte, auch bei der »Startbahn West« oder in Kalkar oder in Gorleben, dann hat man sich grundlegend geirrt. Ich habe hohe Achtung vor meinen jungen Kollegen, daß sie dieses durchgestanden haben; aber in solch explosiven Stimmungen, auch in der heutigen Zeit, würden es sich Mannesmann oder Hoesch nicht erlauben, Lehrlinge an die Front zu schicken – wobei man sich den Begriff »Front« in Anführungszeichen vorstellen sollte. Jeder Wirtschaftsbetrieb würde sich seiner erfahrensten Leute bedienen, um mit Lebens- und Berufserfahrung ran zu gehen. Noch einmal: Damit habe ich die Arbeit meiner Berufskollegen nicht in Mißkredit gezogen, aber ich möchte deutlich machen, wie manche glauben, vorgehen zu können. Es waren zum Teil noch »Lehrlinge«, sie hatten noch nicht einmal ihre Ausbildung abgeschlossen. Hier sind junge Menschen am Werk, deren eigene Einstellung, so hoffe ich jedenfalls, nicht viel anders ist als die der Bürger, die auch Angst vor Krieg oder auch keine Wohnung, wie andere Bürger, haben. Wenn junge Polizisten hier nach Köln zwangsversetzt werden – wer von der Bereitschaftspolizei kommt schon freiwillig nach Köln –, wenn sie hier um Wohnung kämpfen und das erste Mal merken, was es bedeutet, ohne Wohnung zu sein, nach einer Bereitschaftspolizeizeit oder nach dem Elternhaus. Daß die Polizei trotzdem so durchgehalten hat und nicht in weitem Maße ausgeflippt ist, wollte ich von meiner Seite aus positiv vermerken.

Der andere Aspekt: Die Polizei ist natürlich sehr »führungsanfällig«, nicht nur früher, auch heute. Das, was heute morgen an anderer Stelle gesagt wurde, darf ich wiederholen: nämlich, daß man meint, man habe es in Nordrhein-Westfalen mit einer Polizei zu tun, die man als ungefähr »4 plus« einstufen könnte, und die in Passau oder in Schleswig-Holstein sei ganz anders: das ist falsch! Die Polizei ist von der Grundsubstanz gleich gut. Aber was einige versuchen, mit der Polizei zu machen oder aus der Polizei zu machen, das muß unter die Lupe genommen werden. Nicht nur ein Minister. Wir haben keine »Schnoorpolizei« in Nordrhein-Westfalen, wir haben auch ein paar andere gute Führungskräfte und wir haben auch denkende Polizisten. Aber was die einzelnen zum Teil unkontrolliert machen oder unbewußt schlecht machen, das sollte man sich vornehmen, nicht nur in kurzen Zeiten in der Haushaltsberatung, sondern über einen längeren Zeitpunkt einer Legislaturperiode. Vielleicht kommt man etwas weiter, wenn man auf dem Sektor nachdenkt. Polizei ist und bleibt führungsanfällig, wie kaum ein anderer Machtinstrumentapparat in der Gesellschaft.

Die Medien auf diesem Sektor können beiden helfen, Bürgern und uns. Ich wiederhole, was ich schon sehr oft gesagt habe: Die Demonstration in Krefeld mit 20 000 Menschen ist gut verlaufen. 20 000 Menschen konnten in Krefeld demonstrieren, die Polizei brauchte nur verkehrsmäßig zu lenken. Darüber haben die Medien nicht sehr viel gebracht. Das, was die 200 oder 250 Personen außerhalb der Demonstration getan haben, füllte Zeitungen, Bildschirm und Hörfunk. Aber so ist es, und hier kann man versuchen klarzustellen, damit der gute Zweck, der hinter solchen Demonstrationen steht, nicht vergessen wird. Wir wissen als Polizisten, daß nicht der augenblickliche Umstand »Stationierung Ja oder Nein« das Ganze bewegt, sondern wir wissen, daß wir zumindest in der Republik 2,5 bis 3 Millionen Arbeitslose haben und in den nächsten Zeiten vielleicht noch mehr. Wir wissen, daß viele Menschen hungern, sterben; wir wissen, daß wir Wohnungsnot haben, Probleme mit Energie und dergleichen; all dieses soll die Polizei ausbaden. Da meine ich, sind wir die schlechtesten, die das lösen können. Diese Probleme müssen politisch gelöst werden und nicht durch die Polizei.

Zwei letzte Begriffe: Die Polizei muß einen Spielraum garantieren, sonst wäre ein Wesensmerkmal der Verfassung wiederum nicht gegeben. Deutschland hat, das übernehme ich von anderen, die es besser gewußt und gesagt haben, immer ein Maß zuviel an Sicherheit gehabt und zuwenig an Freiheit. Und deshalb muß man auch die Spielregeln, die man sich setzt, beachten, darum bitten wir als Polizisten. Wer Recht verletzt nach zur Zeit geltenden Normen, die in letzter Konsequenz dann erst, in wievielter Instanz weiß ich nicht, überprüft werden, muß von der Polizei sich sagen lassen, daß die Polizei dagegen vorgeht. Wir können nicht sortieren als Polizei, dann wären wir Parteipolizei, und dies sollte eigentlich mit dem Jahr 1945 auch zu Ende gegangen sei. Polizei muß diesen anderen Standpunkt einnehmen. Worum ich bitte, dieses zu respektieren und vielleicht in letzter Konsequenz noch nicht einmal zu beachten, aber darüber mit Konsequenzen für sich nachzudenken, wenn wir das so vortragen.

Vielleicht kann man auch in der Diktion etwas verändern: Zur Zeit lesen Sie oder hören Sie, auch aus unserem Munde oder gerade aus unserem Munde, Begriffe wie – ich habe sie mir noch einmal aufgeschrieben – »CS-Gas«, »Todesschuß«, »Rettungsschuß«, »Maschinengewehre«, »Schilder«, »Helme«, »Spezialeinsatzkommandos«, »Kommandeure der Polizei«, »Polizeiführer« und dergleichen mehr. In der Semantik waren wir Deutschen schon immer sehr reich an Findungsgeist. Aber wenn das alles sein sollte, was im Land der Dichter und Denker übriggeblieben ist, um der Problematik zur Zeit Herr zu werden, dann wären wir ein armes Land. Ich kann Sie als Polizist, als Gewerkschafter, als Bürger nur ermuntern, hier zu versuchen, etwas genauer darüber nachzudenken und mit anderen Mitteln als mit derartigen Vokabeln die Spielregeln der Menschen zueinander zu stricken und das Leben untereinander zu ermöglichen.

Insofern bedanke ich mich, daß ich hierher eingeladen wurde; noch darf ich frei reden als Polizist und Gewerkschafter, und ich werde jede Stunde nutzen, um dieses dort zu tun, wo man sich von Gewalt distanziert und wo man den Rahmen gibt, miteinander zu diskutieren.

Jo Leinen
Ziviler Ungehorsam als fortgeschrittene Form der Demonstration

Die Friedensbewegung gibt es nicht nur wegen der Pershing II, sondern wegen des weitverbereiteten Gefühls vieler Menschen, daß »Abrüstung von oben« nicht stattfindet, sondern daß Abrüstung nur dann eine Chance hat, wenn bei vielen Völkern sich eine Friedensbewegung mit dem nötigen politischen Druck von unten herauskristallisiert. Damit stellt sich die Frage: Wie ist es möglich, ein Anliegen gegen eine gewählte Regierung, gegen ein gewähltes Parlament durchzusetzen? Wir erleben einen erstaunlichen demokratischen Vorgang. Bis es zum zivilen Ungehorsam kommt, haben bereits viele andere Aktivitäten stattgefunden. Die Friedensbewegung hat in den letzten drei Jahren vier Phasen durchlaufen.

Die Diskussionsphase: viele Veranstaltungen, Debatten zur Meinungsbildung. Die Appellationsphase: mit vielen unterschiedlichen Appellen an die Regierung, keine neuen Massenvernichtungswaffen hier zu stationieren; einige Millionen Menschen haben solche Unterschriftenlisten mit ihrem Namen gezeichnet, für viele war dies ein Akt des Widerstands. Drittens: die Demonstrationsphase mit zwei großen Demonstrationen, wie sie selten stattfinden, und vielen kleinen Demonstrationen. Die Resonanz auf diese zweite große Friedensdemonstrationen in Bonn vom 10. Juli letzten Jahres war eher der Tenor eines sehr freundlichen »Woodstock«. Die Wirkung war bereits erheblich geringer als die der Friedensdemonstration am 18. Oktober 81. Deshalb sind viele Menschen bereit, in die vierte Widerstandsphase, nämlich in Aktionen des zivilen Ungehorsams, einzutreten.

Was wird nun unter »zivilem Ungehorsam« verstanden?

Prof. Theodor Eschenburg hat in einer Fernsehsendung die

Meinung vertreten, ziviler Ungehorsam sei eine »undemokratische Eigenschaft«. Bundesinnenminister Zimmermann ist dazu nur eines eingefallen: »Gewalt«. Prof. Erich Küchenhoff sagte dagegen, das sei »aktiver Verfassungsschutz«. Und Mahatma Gandhi hat gesagt, ziviler Ungehorsam sei »das angeborene Recht eines jeden Bürgers«. Gandhi hat zudem ausgeführt: »Der Bürger kann die Bereitschaft zum zivilen Ungehorsam nicht preisgeben, ohne sein Menschsein preiszugeben. Zivilen Ungehorsam zu unterdrücken hieße, das Gewissen in Ketten zu legen.«

Und ich meine: dieser Punkt spielt auch bei dem Widerstand gegen die Nachrüstung eine Rolle: viele Menschen können es aus einer Gewissensentscheidung heraus nicht mehr mitmachen, diese außerordentliche Bedrohung der atomaren Aufrüstung auf sich zukommen zu sehen, und zeigen deshalb die Bereitschaft, mehr zu unternehmen und auch mehr in Kauf zu nehmen, als üblich ist, um diese unerträgliche Entwicklung zu verhindern. Ziviler Ungehorsam ist eine fortgeschrittene Form der Demonstration. Die Demonstration ist die Presseerklärung des einfachen Bürgers, aber in einer intensiveren und spektakuläreren Weise. In einer aufgeklärten politischen Kultur dürfte dieses demonstrative Einwirken auf den öffentlichen Meinungsbildungsprozeß nicht automatisch unter dem Aspekt der strafbaren Handlung abgehandelt werden. Bei näherem Hinsehen hat der zivile Ungehorsam im Gegenteil viel mit dem Bestreben: »mehr Demokratie wagen«, zu tun. Die Absicht und der Sinn von solchen spektakulären Aktionen ist es, den öffentlichen Willensbildungsprozeß anzutreiben. Über die Funktion von Aktionen des zivilen Ungehorsams muß Klarheit geschaffen werden, sowohl bei denen, die ihn ausüben, wie auch bei denen, die in Form von Staat und Polizei diesen Aktionen begegnen.

In den USA und in Großbritannien, Staaten, die eine größere Tradition des zivilen Ungehorsams haben, nennen sich die Aktionsformen z. B. sit-in, go-in, sit-down. In der Bundesrepublik heißt das schon gleich Blockade, Besetzung, Umzingelung, die Begriffsbildung hat also einen wesentlich militärischeren Aspekt. Das ist nicht ungefährlich, weil diese Begriffsbildung suggeriert, daß es das Ziel einer Aktion des zivilen Ungehorsams wäre, unmittelbaren Zwang auf den Gegner auszuüben, um etwas physisch zu verhindern. Das eigentliche Ziel des zivilen Ungehorsams ist dagegen, die Diskussion, also den öffentlichen Meinungsbildungsprozeß über den Konfliktgegenstand, zu verbreitern und zu intensivieren, mit dem Ziel, über eine solche breitere öffentliche Debatte eine gefährliche Entwicklung politisch zu verhindern, sei es, daß eine Regierung eine Maßnahme aus Einsicht aufgibt oder erklärt, sie sei politisch nicht durchsetzbar.

Regierungsentscheidungen lassen sich sehr oft politisch nicht durchsetzen: Der Abgaskatalysator ist politisch nicht durchsetzbar, weil die Automobilindustrie es nicht will, obwohl das Kabinett es beschlossen hat. Die Rauchgasentschwefelung ist politisch nicht durchsetzbar, weil die Elektrizitätswirtschaft es nicht will, obwohl Verordnungen und sogar das Emissionsschutzgesetz seit 20 Jahren solche Entschwefelungen fordern; eine Regierungsentscheidung politisch nicht durchsetzbar zu machen, ist durchaus ein alltäglicher Zustand in dieser Gesellschaft. Was die Industrie mit Lobbytätigkeit und Geld ständig durchsetzt, kann die Bevölkerung mit gutem Recht mit den Mitteln, die sie hat, durchsetzen. Das ist durchaus legitim und auch demokratisch. Gerade weil ein richtig verstandener ziviler Ungehorsam sich in den demokratischen Willensbildungsprozeß eingliedern will, ist er mitnichten ein Angriff auf die Demokratie, sondern im Gegenteil der Versuch einer Verwirklichung von Demokratie, indem ein sehr großer, passiver Teil der Bevölkerung, die schweigende Mehrheit, zu einer Stellungnahme mobilisiert wird oder eine Regierung veranlaßt wird, sich der Sachdebatte über ein Problem zu stellen und nicht mit dem Verweis auf das Ergebnis der letzten Wahl sich der Diskussion über einen konkreten Konfliktstoff zu entziehen.

Die Friedensbewegung muß sich dieses instrumentellen Charakters von Aktionen des zivilen Ungehorsams bewußt sein, wenn diese Aktionen kein Bumerang werden sollen. Instrumenteller Charakter heißt: mehr Öffentlichkeit und mehr Sympathie für unsere Sache zu bewirken. Die Teilnehmer einer Aktion des zivilen Ungehorsams müssen deshalb genau darauf achten, wann dieses Ziel nicht mehr erreicht wird und Aktionen des zivilen Ungehorsams auf die Friedensbewegung zurückschlagen.

Die Voraussetzung dafür, daß solche Aktionen einen vorwärtstreibenden und sympathiegewinnenden Stellenwert erhalten, ist die strikte Gewaltfreiheit. Wer dies will, muß bereits vor der Aktion Transparenz herstellen, nicht nur für die eigene Gruppe, sondern auch für die Polizei: Wer derartige Aktionen des zivilen Ungehorsams will, hat auch keine Furcht vor Gesprächen mit der Polizei. Diese Debatte wird zur Zeit mit aller Vehemenz in der Friedensbewegung geführt. Die Aktionen des zivilen Ungehorsams, die im Oktober und im November auf uns zukommen, mehrheitlich »Blockaden« von Kasernen, Militäreinrichtungen, Atomwaffenlagern, müssen den gewaltfreien Charakter deutlich herausstreichen. Solche Aktionen können nicht nur legitim sein, sie können sehr oft auch legal sein. In adäquater Auslegung des Demonstrationsrechts kann eine begrenzte Blokkade nicht als verwerflich angesehen werden. Der demonstrative Akt gegen die atomare Aufrüstung in Form eines symbolhaften Umzingelns eines Atomwaffenlagers, auch wenn dies mehrere Tage dauert, erfüllt deshalb meiner Meinung nach nicht den Tatbestand der Nötigung.

Zum Schluß möchte ich fragen, warum so viele Demonstrationen und letztendlich auch Aktionen des zivilen Ungehorsams notwendig sind. Der Zwang zu solchen Aktionsformen hängt damit zusammen, daß die Bevölkerung während der Legislaturperiode in bezug auf das Parlament und die Regierung fast keine Beteiligungs- und Einwirkungsmöglichkeiten besitzt. Die Friedensbewegung will dieses Problem mit der Kampagne für eine Volksbefragung zum NATO-Doppelbeschluß deutlich machen. Demokratie darf sich nicht in der repräsentativen Ausgestaltung erschöpfen, sondern braucht in besonderen Fällen auch eine plebiszitäre Komponente. Bürgerbewegungen sind in ihrem Protest gegen eine Regierungsentscheidung gezwungen, auf die Straße zu gehen, und können nicht alle Energie und allen Sachverstand auf die Sachdebatte verwenden, die bei einem Plebiszit gefordert wäre, nämlich das Ja oder das Nein einer Entscheidung und damit auch der Austausch von Ja- und Nein-Argumenten zu einem Konfliktstoff. Mit der derzeitigen Weise des Protestierens laufen solche Bewegungen immer Gefahr, durch die Konzentration auf die Frage der Form der Auseinandersetzungen – z. B.: verhalten sich die Demonstranten gut, kam es zu Gewalt usw. – die Sachdebatte aus den Augen zu verlieren.

Die Friedensbewegung hat für den Herbst klargemacht, daß neben dem Nein zur Stationierung die Gewaltfreiheit die zweite Geschäftsgrundlage für unsere Aktion ist. Wir wünschten auch restlose Klarheit darüber, daß die Gewaltfreiheit gleichfalls die Geschäftsgrundlage auf Staatsseite ist. Ich muß sagen: seit dem Auftreten des V-Manns in Krefeld bin ich mir nicht mehr so sicher, ob die Gewalt von einigen Politikern nicht nur herbeigeredet, sondern auch angezettelt wird. Wir werden im Oktober genau hinsehen müssen, wo sich in dieser Aktionswoche Gewalt entwickelt, wie sie entstanden ist und wer daran beteiligt war.

Wir wissen nur zu gut, daß 75 Prozent der Bürger nach allen Meinungsumfragen diese Atomwaffen ablehnen, die Regierung also in dieser Sachfrage keine Mehrheit hat. Das einzige Element, um diese große Friedensbewegung zu reduzieren und von der Bevölkerung zu isolieren, ist die gewaltförmige Austragung dieses Konfliktes. Wir werden deshalb alles unternehmen müssen, damit es nicht dazu kommt. Wir haben im Herbst durch dieses sehr breite Austragen des Konfliktes um die richtige Sicherheitspolitik die Chance, die demokratische Kultur in der Bundesrepublik fortzuentwikkeln. Es besteht aber auch das Risiko, wenn es falsch läuft, daß wir einen Rückfall in den Obrigkeitsstaat erleben. Deshalb ist die richtige Vorbereitung, die Klarheit über den instrumentellen Charakter und auch die richtige Austragung von Aktionen des zivilen Ungehorsams nicht nur nötig, um die Nachrüstung zu verhindern, sondern auch, um die demokratischen Umfangsformen in diesem Land zu wahren und zu verbessern.

Jürgen Habermas
Ziviler Ungehorsam – Testfall für den demokratischen Rechtsstaat. Wider den autoritären Legalismus in der Bundesrepublik

Das tonangebende bayerische Duo der Bundesregierung, die Herren Zimmermann und Spranger, singt den Refrain auf den Vers, der ihm seit Monaten von der FAZ vorgespielt wird: »Gewaltloser Widerstand *ist* Gewalt.« Hingegen steht der Justizminister so sehr im Schatten des Innenministers – und der Liberalismus der einstmals Freien Demokraten schon so sehr mit dem Rücken zur Wand –, daß aus dieser Ecke nur noch Tautologien zu vernehmen sind: auch gewaltloser ziviler Ungehorsam sei ungesetzlich. Die Anwälte einer Verschärfung des Demonstrationsstrafrechtes haben in der Diskussion der letzten Monate die Tendenz verfolgt, den juristischen Begriff der Gewalt über Tatbestände der Gewalttätigkeit hinaus auf unkonventionelle Formen der politischen Willensbildung auszudehnen.

Aus der Psychologie ist der Zwang, in Alternativen zu denken, bekannt; wie so oft verschanzt sich das zwanghafte Denken auch diesmal hinter juristischen Formeln. Als einzige Alternative zum Störer und Unruhestifter, zum kriminellen Gewalttäter erscheint der friedliche Demonstrant – ein Bürger, der aus Pflicht und Gewohnheit zur Wahlurne geht, vielleicht Versammlungen der eigenen Partei besucht und gelegentlich an einer Kundgebung, sei es zum 1. Mai oder zum 20. Juli teilnimmt. Aus der Perspektive einer Obrigkeit, die für Ruhe und Ordnung zu sorgen hat, zeigt die demokratische Willensbildung des präsumptiven Souveräns ein bleiches, eingeschüchtertes, zahnloses Antlitz. Demonstrationen sollten aus polizeilichen Gründen am besten im

Saale stattfinden, jedenfalls nicht abweichen vom Normalbild des geordneten Umzugs erwachsener und reinlich gekleideter Bürger mit abschließender Ansprache vor dem Rathaus. Das Alternativdenken sucht Sicherheit in der falschen Eindeutigkeit gewaltsam hergestellter Dichotomien. Der friedlich demonstrierende »Landfriedensbrecher«, der sich nach der ersten polizeilichen Aufforderung nicht schleunigst nach Hause begibt und gleichwohl nicht nachweisen kann, den originellen Tatbestand des »Abwiegelns« erfüllt zu haben, ist ein Produkt dieses Denkens.

Die veränderte Protestszene

In der Tat hat sich die Protestszene der Bundesrepublik seit den Ostermärschen der frühen sechziger Jahre verändert. Wir haben die Studentenproteste in Erinnerung, deren Funke von Berlin auf westdeutsche Universitäten übergesprungen ist, als Benno Ohnesorg ohne erkennbaren Anlaß von einem Polizisten erschossen wurde. Die neuen, oft phantasievollen, manchmal gewalttätigen Formen dieser Protestbewegung waren von amerikanischen Vorbildern inspiriert, unmittelbar von jenem exemplarischen Fall zivilen Ungehorsams in Ann Arbor, wo 39 Studenten der University of Michigan am 15. Oktober 1965 aus Protest gegen das militärische Eingreifen der USA in Vietnam das Büro der örtlichen Einberufungsbehörde besetzt hielten und zwei Stunden nach Dienstschluß abgeführt werden mußten. Der anschließende Prozeß löste eine lebhafte Debatte aus und erhielt dadurch weltweite Publizität.[1] Noch deutlicher – und noch stärker von Emotionen besetzt – ist unsere Erinnerung an die terroristischen Untergrundaktionen der RAF, die sehr schnell den Unterschied zwischen kriminellen Handlungen und zivilem Ungehorsam klar gemacht haben – endlich auch in den Köpfen, in denen diese Begriffe noch nach Jahren intern geführter, harter Diskussionen eigentümlich diffus geblieben waren.

Seit der zweiten Hälfte der siebziger Jahre hat sich eine neue Protestbewegung formiert, in anderer Zusammensetzung, mit neuen Zielen und mit einer bunten Palette abermals gewandelter, differenzierter Formen der Willensäußerung. Beispiele sind die Bonner Großdemonstrationen, die eine ganze Stadt in den Rhythmus und den Wirbel einer von Subkulturen getragenen, expressiv-beschwingten Massenveranstaltung hereingezogen haben; der bundesweite Ansturm auf ein von der Polizei abgeriegeltes Kernkraftgelände wie in Brokdorf; die lautstarke Gegendemonstration gegen das Spektakel eines öffentlich vorexerzierten Großen Zapfenstreiches wie in Bonn oder Bremen; die vorübergehende Blockade von Bauarbeiten und die Besetzung von Bauplätzen wie in Wyhl; das Anti-Atomdorf in Grohnde, das Hüttendorf an der Startbahn West, die die geplanten Großprojekte mit einer alternativen Lebensform konfrontieren sollten; schließlich die Hausbesetzungen in Kreuzberg und anderswo, die eine breitere Öffentlichkeit auf den Skandal der rücksichtslosen Spekulation mit begehrten und erhaltungswürdigen Altbauwohnungen aufmerksam gemacht haben. Allen diesen Aktionen ist gemeinsam, daß sie von spontan gebildeten, heterogen zusammengesetzten, weitverstreuten und dezentralisiert arbeitenden Basisinitiativen ausgehen. Dieses Amalgam von Friedens-, Umweltschutz- und Frauenbewegung ist nichts, was man wie eine Partei verbieten könnte.

Nun sind für die Herbstmonate entschiedene und variationsreiche Demonstrationen gegen die erwartete Aufstellung von Cruise Missiles und Pershing II-Raketen angekündigt worden, unter anderem Blockaden, verkehrsbehindernde Menschenketten, die-ins und andere Äußerungen des zivilen Ungehorsams. Das Schlagwort vom »heißen Herbst« ist in Umlauf und erhitzt die Gemüter im voraus. Die Presse berichtet über diese Pläne wie über die Kriegsvorbereitungen eines Angreifers, der die nationale Sicherheit bedroht. Nachrichten über die Protestszene werden wie geheimdienstliche Erkenntnisse über feindliche Truppenbewegungen gehandelt. Friedenscamps gewinnen das Aussehen von Partisanennestern. Und in den Polizeihauptquartieren werden Einsätze generalstabsmäßig nach bekannten Szenarios durchgespielt. Jeder neue Krawall, der sich, wie in Krefeld, an unauffällig verlaufende Demonstrationen anhängt, bestärkt in der Öffentlichkeit den fatalen Eindruck, daß ausgerechnet die Friedensbewegung dem im Zuge der Terrorismusbekämpfung ausgebauten und aufgerüsteten staatlichen Kontroll- und Eingriffsapparat neue Ziele bietet. So entsteht eine Perspektive, aus der die Delikte von kleinen, aber mobilen Stoßtrupps gewalttätiger Randalierer mit Handlungen des moralisch begründeten zivilen Ungehorsams verschmelzen. Aus diesem verengten Blickwinkel kann an den heute praktizierten und in Aussicht gestellten Protestformen genau jenes Element nicht mehr wahrgenommen werden, welches die neuen sozialen Bewegungen auszeichnet. Wie der Vergleich mit der Studentenbewegung lehrt, gibt die gegenwärtige Protestbewegung zum erstenmal die Chance, auch in Deutschland zivilen Ungehorsam als Element einer reifen politischen Kultur begreiflich zu machen. Jede rechtsstaatliche Demokratie, die ihrer selbst sicher ist, betrachtet den zivilen Ungehorsam als normalisierten, weil notwendigen Bestandteil ihrer politischen Kultur.

Nach meinen Erfahrungen war in den Jahren der Studentenrevolte das Selbstverständnis vieler Akteure durch falsche revolutionäre Vorbilder inspiriert. Jedenfalls fehlte die Identifikation mit den Verfassungsgrundsätzen einer demokratischen Republik, die nötig ist, um eine Protesthandlung auch dann, wenn sie die Grenzen des rechtlich Zulässigen überschreitet, in ihrem ausschließlich symbolischen Charakter zu begreifen. Damals sind einige Studentenführer zu Taktikern einer Scheinrevolution geworden, weil sie ihren politischen Widerstand zwischen Protest und Kampfhandlung in der Schwebe halten wollten. Eben diese Unklarheit kann ich in der Friedensbewegung weit und breit nicht entdecken. Aus den mir bekannten Äußerungen geht mehr als ein nur taktisches Bekenntnis zur Gewaltfreiheit hervor, nämlich die Überzeugung, daß Protesthandlungen, auch wenn sie kalkulierte Regelverletzungen darstellen, nur symbolischen Charakter haben können und allein in der Absicht ausgeführt werden dürfen, an die Einsichtsfähigkeit und den Gerechtigkeitssinn der jeweiligen Mehrheit zu appellieren.[2] Niemand bildet sich heute ein, die Raketenaufstellung – wenn überhaupt noch – auf andere Weise als dadurch verhindern zu können, daß die Masse der deutschen Bevölkerung für die politisch-moralische Ablehnung einer Entscheidung von existentieller Tragweite gewonnen und mobilisiert wird. Nur ein drohender Legitimationsverlust kann die Regierung umstimmen.

Gewiß, von gewaltfreiem *Widerstand* ist die Rede, obwohl mindestens die Wortführer der Bewegung wissen könnten, daß heute die in GG Art. 20 Abs. 4 festgelegten Bedingungen für eine Ausübung des verfassungsgemäßen Widerstandsrechts ersichtlich nicht erfüllt sind. Aber kann man eine soziale Bewegung auf einen juristisch begründeten Sprachgebrauch verpflichten? Kann man sie, wie Günter Frankenberg sagt, »terminologisch enteignen«? Der populäre Sprachgebrauch will mit dem Ausdruck ›Widerstand‹ nur die Dringlichkeit des Protestanliegens zum Ausdruck bringen. Das Wort wird nicht einmal metaphorisch verwendet, wenn es Äußerungen zivilen Ungehorsams bezeichnet – also Akte, die ihrer Form nach illegal sind, obwohl sie unter Berufung auf die gemeinsam anerkannten Legitimationsgrundlagen unserer demokratisch-rechtsstaatlichen Ordnung ausgeführt werden. Wer auf diese Weise Protest einlegt, sieht sich in einer Situation, wo ihm in einer Gewissensfrage nur noch drastische, mit persönlichen Risiken belastete Mittel zur Verfügung stehen, um die Bereitschaft zur erneuten Beratung und Willensbildung über eine geltende Norm oder eine rechtskräftig beschlossene Politik zu wecken und den Anstoß für die Revision einer Mehrheitsmeinung zu geben. Wer sich zu zivilem Ungehorsam entschließt, will sich angesichts der Tragweite einer für illegitim gehaltenen Regelung nicht damit zufrieden geben, daß die institutionell vorgesehenen Revisionsmöglichkeiten ausgeschöpft sind. Warum sollte das Handeln desjenigen, der aus diesen Gründen das Risiko einer Strafverfolgung in Kauf nimmt, nicht Widerstand heißen dürfen?

John Rawls' Theorie der Gerechtigkeit

Aus dieser Motivation lassen sich die wichtigsten Bestimmungen für zivilen Ungehorsam im demokratischen Rechtsstaat ableiten. Der amerikanische Moralphilosoph John Rawls hat in seiner bekannten *Theorie der Gerechtigkeit* die folgende Definition vorgeschlagen: ziviler Ungehorsam äußert sich in »einer öffentlichen, gewaltlosen, gewissensbestimmten, aber gesetzwidrigen Handlung, die gewöhnlich eine Änderung der Gesetze oder der Regierungspolitik herbeiführen soll«.[3] Rawls nennt drei Bedingungen, die für gerechtfertigten zivilen Ungehorsam erfüllt sein müssen: der Protest muß sich gegen wohlumschriebene Fälle schwerwiegender Ungerechtigkeit richten; die Möglichkeiten aussichtsreicher legaler Einflußnahme müssen erschöpft sein; und die Aktivitäten des Ungehorsams dürfen kein Ausmaß annehmen, welches das Funktionieren der Verfassungsordnung gefährdet. Rawls Theorie wird auch unter deutschen Juristen inzwischen lebhaft diskutiert.[4]

Unstrittig sind die zentralen Bestimmungen, die sich aus dem Zweck des Appells an die Einsichtsfähigkeit und den

Gerechtigkeitssinn einer Mehrheit von Staatsbürgern ergeben. Ziviler Ungehorsam ist ein moralisch *begründeter* Protest, dem nicht nur private Glaubensüberzeugungen oder Eigeninteressen zugrundeliegen dürfen; er ist ein *öffentlicher* Akt, der in der Regel angekündigt ist und von der Polizei in seinem Ablauf kalkuliert werden kann; er schließt die *vorsätzliche Verletzung* einzelner Rechtsnormen ein, ohne den Gehorsam gegenüber der Rechtsordnung im ganzen zu affizieren; er verlangt die Bereitschaft, für die rechtlichen *Folgen* der Normverletzung *einzustehen;* die Regelverletzung, in der sich ziviler Ungehorsam äußert, hat ausschließlich *symbolischen Charakter* – daraus ergibt sich schon die Begrenzung auf *gewaltfreie* Mittel des Protestes. Das Prinzip der Gewaltfreiheit versucht Günter Frankenberg folgendermaßen festzulegen: Zivil ist nur eine Regelverletzung, die nicht außer Verhältnis zu dem angestrebten Protestzweck steht und die insbesondere die physische und psychische Integrität des Protestgegners oder unbeteiligter Dritter wahrt. Gewaltfreiheit schließt auch nach Dreiers Auffassung Momente der Nötigung nicht in jedem Falle aus, sie ist mit »psychischem Druck und Beeinträchtigung der Bewegungsfreiheit Dritter« vereinbar.[5]

Der Streit um eine hinreichend präzise Bestimmung des Gewaltbegriffs sollte aber nicht von der eigentlichen Provokation der Rawlsschen Theorie ablenken. Wer in diesen Tagen auf den Tenor der Presseverlautbarungen von Regierungen und Parteien, der Fernsehdiskussionen und Leitartikel lauscht und die herrschende Meinung der Juristen zu Rate zieht, wird sich über die »Gesetz ist Gesetz«-Mentalität nicht täuschen können. Das Dogma der staatstragenden Kräfte steht auf festen Beinen: Wer unter Berufung auf sein Gewissen Gesetze bricht, nimmt sich Rechte heraus, die unsere demokratische Rechtsordnung um der Sicherheit und der Freiheit aller Bürger willen niemandem einräumen kann. Wer im Rechtsstaat zivilen Ungehorsam leistet, setzt mit dem Rechtsfrieden eine der höchsten und verletzbarsten kulturellen Errungenschaften aufs Spiel. Er legt, so meint Geissler, »die Axt an die Demokratie«.

Demgegenüber behauptet nun Rawls, daß der zivile Ungehorsam geradezu einen Prüfstein für das angemessene Verständnis der moralischen Grundlagen der Demokratie darstellt und – so können wir im Hinblick auf die Bundesrepublik hinzufügen – einen Prüfstein für den Reifezustand der ersten demokratischen Republik auf deutschem Boden, die von allen sozialen Schichten getragen wird: »Das Problem des zivilen Ungehorsams, wie ich es verstehe, entsteht nur in einem mehr oder weniger gerechten demokratischen Staat für die Bürger, die die Verfassung anerkennen. Das Problem besteht in einem Pflichtenkonflikt. An welchem Punkt ist die Pflicht, sich den von einer Gesetzgebungsmehrheit beschlossenen Gesetzen (oder den von ihr unterstützten Handlungen der ausführenden Gewalt) zu fügen, angesichts des Rechts zur Verteidigung seiner Freiheit und der Pflicht zum Widerstand gegen Ungerechtigkeit nicht mehr bindend? Diese Frage rührt an den Sinn und die Grenzen der Mehrheitsregel.«[6] Warum soll im demokratischen Rechtsstaat, und gerade in diesem, ziviler Ungehorsam berechtigt sein?

Ich möchte auf diese Frage keine juristische, sondern eine rechtsphilosophische Antwort zu geben versuchen, von der ich nicht genau weiß, wie weit sie mit der von Rawls gegebenen übereinstimmt. Das Problem, um das es geht, kann nur entstehen, wenn wir davon ausgehen, daß der moderne Verfassungsstaat einer moralischen Rechtfertigung sowohl bedarf wie auch fähig ist. Ich gehe von dem ungewöhnlich hohen Legitimationsanspruch des Rechtsstaates aus: er mutet seinen Bürgern zu, die Rechtsordnung nicht aus Furcht vor Strafe, sondern aus freien Stücken anzuerkennen. Die Treue zum Gesetz soll sich aus einer einsichtigen und darum freiwilligen Anerkennung jenes normativen Anspruches auf Gerechtigkeit ergeben, den jede Rechtsordnung erhebt.

Diese Anerkennung stützt sich normalerweise darauf, daß ein Gesetz von den verfassungsmäßigen Organen beraten, beschlossen und verabschiedet worden ist. Damit erlangt das Gesetz positive Geltung und legt fest, was in seinem Geltungsbereich als legales Verhalten zählt. Das nennen wir Legitimation durch Verfahren. Diese gibt freilich keine Antwort auf die Frage, warum das legitimierende Verfahren selbst, warum das regelrechte Tätigwerden verfassungsmäßiger Organe, warum letztlich die Rechtsordnung im ganzen legitim ist. Der Hinweis auf das legale Zustandekommen positiv geltender Normen hilft hier nicht weiter. Die Verfassung muß aus Prinzipien gerechtfertigt werden können, deren Gültigkeit nicht davon abhängig sein darf, ob das positive Recht mit ihnen übereinstimmt oder nicht. Deshalb kann der moderne Verfassungsstaat von seinen Bürgern Gesetzesgehorsam nur erwarten, wenn und soweit er sich auf anerkennungswürdige Prinzipien stützt, in deren Licht dann, was legal ist, als legitim gerechtfertigt – und gegebenenfalls als illegitim verworfen werden kann.

Wer in normativer Absicht Legalität von Legitimität unterscheiden möchte, muß sich freilich zutrauen, diejenigen legitimierenden Verfassungsprinzipien auszuzeichnen, die gute Gründe für sich haben und Anerkennung *verdienen.* Wie können aber solche Grundnormen, beispielsweise die Grundrechte, die Garantie der Rechtswege, die Volkssouveränität, die Gleichheit vor dem Gesetz, das Sozialstaatsprinzip usw. gerechtfertigt werden? Dafür sind in der Tradition des Vernunftrechts und der Kantischen Ethik eine Reihe von Vorschlägen ausgearbeitet worden. Sie alle folgen der Intuition, daß nur solche Normen gerechtfertigt sind, die ein verallgemeinerungsfähiges Interesse zum Ausdruck bringen und daher die wohlerwogene Zustimmung aller Betroffenen finden könnten. Und zwar wird diese Zustimmung an eine Prozedur vernünftiger Willensbildung gebunden; deshalb schließt dieser Begründungsmodus den heute beliebten

Rückgriff auf eine historisch eingelebte materiale Wertordnung aus. Wie man sich zu diesen Moraltheorien auch stellen mag, ein demokratischer Rechtsstaat kann, weil er seine Legitimität nicht auf schiere Legalität gründet, von seinen Bürgern keinen unbedingten, sondern nur einen qualifizierten Rechtsgehorsam fordern. Dem trägt auch das Grundgesetz in Art. 1 Abs. 2 mit einem *Bekenntnis* zu unverletzlichen und unveräußerlichen Menschenrechten Rechnung. Wie Erhard Denninger herausgearbeitet hat, soll der Charakter des Bekenntnisses zum Ausdruck bringen, daß die Grundrechte auch die übergesetzliche Geltung legitimierender Verfassungsprinzipien genießen.[7] Auch die im Grundgesetz (Art. 20 Abs. 3) getroffene Unterscheidung von »Gesetz« und »Recht« legt diesen Schluß nahe. Mit dem Begriffspaar Legalität/Legitimität ist viel Unfug getrieben worden; das erklärt die Zurückhaltung vieler Juristen. Demgegenüber meine ich, daß die Idee des Rechtsstaates selber dazu anhält, das Spannungsverhältnis dieser beiden aufeinander verwiesenen Momente zu durchdenken.

Der Hüter der Legitimität

In den Institutionen der rechtsstaatlichen Demokratie verkörpert sich das Mißtrauen gegen die fallible Vernunft und die korrumpierbare Natur des Menschen. Dieses Mißtrauen reicht über die Kontrollen und Gegengewichte, die sich institutionalisieren lassen, hinaus. Denn weder die Einhaltung des Rechtsweges noch die Autorität der wissenschaftlichen Jurisprudenz bieten vor der moralischen Entwurzelung einer der Form nach intakten Rechtsordnung und Rechtswissenschaft einen automatischen Schutz. Das bedarf im Jahre der 50. Wiederkehr des 30. Januar 1933 keiner weiteren Erklärung. Der Rechtsstaat, der mit sich identisch bleiben will, steht vor einer paradoxen Aufgabe. Er muß das Mißtrauen gegen ein in legalen Formen auftretendes Unrecht schützen und wachhalten, obwohl es eine institutionell gesicherte Form nicht annehmen kann. Mit dieser Idee eines nicht-institutionalisierbaren Mißtrauens gegen sich selbst ragt der Rechtsstaat über das Ensemble seiner jeweils positiv gesetzten Ordnungen hinaus. Das Paradox findet seine Auflösung in einer politischen Kultur, die die Bürgerinnen und Bürger mit der Sensibilität, mit dem Maß an Urteilskraft und Risikobereitschaft ausstattet, welches in Übergangs- und Ausnahmesituationen nötig ist, um legale Verletzungen der Legitimität zu erkennen und um notfalls aus moralischer Einsicht auch ungesetzlich zu handeln.

Der Fall des zivilen Ungehorsams kann nur unter Bedingungen eines im ganzen intakten Rechtsstaates eintreten. Dann darf aber der Regelverletzer die plebiszitäre Rolle des unmittelbar souverän auftretenden Staatsbürgers nur in den Grenzen eines Appells an die jeweilige Mehrheit übernehmen. Im Unterschied zum Resistance-Kämpfer erkennt er die demokratische Legalität der bestehenden Ordnung an. Die Möglichkeit des berechtigten zivilen Ungehorsams ergibt sich für ihn allein aus dem Umstand, daß auch im demokratischen Rechtsstaat legale Regelungen illegitim sein können – illegitim freilich nicht nach Maßgabe irgendeiner Privatmoral, eines Sonderrechts oder eines privilegierten Zugangs zur Wahrheit. Maßgebend sind allein die für alle einsichtigen moralischen Prinzipien, auf die der moderne Verfassungsstaat die Erwartung gründet, von seinen Bürgern aus freien Stücken anerkannt zu werden. Es geht nicht um den Extremfall der Unrechtsordnung, sondern um einen Normalfall, der immer wieder eintreten wird, weil die Verwirklichung anspruchsvoller Verfassungsgrundsätze mit universalistischem Gehalt ein langfristiger, historisch keineswegs geradlinig verlaufender, vielmehr von Irrtümern, Widerständen und Niederlagen gekennzeichneter Prozeß ist. Die europäische Geschichte der Grundrechte beispielsweise läßt sich als ein solcher, von Rückschlägen unterbrochener kollektiver

Lernprozeß verstehen.[8] Wer will behaupten, daß diese Lernprozesse abgeschlossen sind? Auch heute dürfen wir uns nicht nur als die glücklichen Erben fühlen. Der Rechtsstaat im ganzen erscheint, aus dieser geschichtlichen Perspektive, nicht als ein fertiges Gebilde, sondern als ein anfälliges, irritierbares Unternehmen, das darauf angelegt ist, unter wechselnden Umständen eine legitime Rechtsordnung sei es herzustellen oder aufrechtzuerhalten, zu erneuern oder zu erweitern. Weil dieses Projekt unabgeschlossen ist, sind auch die Verfassungsorgane von dieser Irritierbarkeit keineswegs ausgenommen.

Zudem sind es die Mühseligen und Beladenen, die Unrecht als erste am eigenen Leibe erfahren. Die, die Unrecht am ehesten spüren, sind in der Regel nicht mit Befugnissen oder auch nur mit privilegierten Einflußnahmen ausgestattet – sei es über die Zugehörigkeit zu Parlamenten, Gewerkschaften und Parteien, sei es über den Zugang zu Massenmedien oder über das Drohpotential derer, die bei Wahlkämpfen mit einem Investitionsstreik winken können. Auch aus diesen Gründen ist der plebiszitäre Druck des zivilen Ungehorsams oft die letzte Möglichkeit, Irrtümer im Prozeß der Rechtsverwirklichung zu korrigieren oder Neuerungen in Gang zu setzen. Die Tatsache, daß in unsere Rechtsordnung viele Mechanismen der Selbstkorrektur eingebaut sind, von der dreimaligen Lesung einer parlamentarischen Gesetzesvorlage bis zum Instanzenweg der Gerichte, spricht ja nur dafür, daß der Rechtsstaat mit einem hohen Revisionsbedarf rechnet, und nicht dafür, daß weitere Revisionsmöglichkeiten ausgeschlossen werden sollen. Auch der Oxforder Rechtstheoretiker Ronald Dworkin siedelt den zivilen Ungehorsam an dieser Nahtstelle an. Was prima facie Ungehorsam ist, kann sich, weil Recht und Politik in steter Anpassung und Revision begriffen sind, sehr bald als Schrittmacher für überfällige Korrekturen und Neuerungen erweisen. In diesen Fällen sind zivile Regelverletzungen moralisch begründete Experimente, ohne die sich eine vitale Republik weder ihre Innovationsfähigkeit noch den Legitimationsglauben ihrer Bürger erhalten kann.[9] Wenn die Repräsentativverfassung vor Herausforderungen versagt, die die Interessen aller berühren, muß das Volk in Gestalt seiner Bürger, auch einzelner Bürger, in die originären Rechte des Souveräns eintreten dürfen. Der demokratische Rechtsstaat ist in letzter Instanz auf diesen Hüter der Legitimität angewiesen.

Zurückhaltung auf beiden Seiten

Natürlich können sich auch die, die moralische Einsichten zwar nicht als Privileg, aber als entschuldigende Begründung für ihren punktuellen Ungehorsam in Anspruch nehmen, irren. Die Narren von heute sind nicht immer die Helden von morgen, viele bleiben auch morgen die Narren von gestern. Der zivile Ungehorsam bewegt sich oft im Zwielicht der Zeitgeschichte; dieses erschwert dem Zeitgenossen die politisch-moralische Bewertung. Der klargeschnittene Fall des aktiven Widerstandes ist leichter zu beurteilen – und dies nicht erst aus der Retrospektive. Es bedurfte nicht des historischen Abstandes, um zu sehen, was die Stammheimer Rechtsprechung von den Urteilen eines Volksgerichtshofes prinzipiell unterscheidet. Auch die Legitimität von Widerstandshandlungen läßt sich keineswegs schon am sittlichen Ernst der Motive ablesen. Mangel an Gewissen war es wohl nicht, was Ulrike Meinhoff von Sophie Scholl getrennt hat – und doch war mit Händen zu greifen, daß die schwarze Rose von der weißen Rose durch eine Welt geschieden war. Situationen des aktiven Widerstandes haben eben eine unvergleichlich größere Prägnanz als solche des zivilen Ungehorsams.

Dieser Mangel an Eindeutigkeit verpflichtet beide Seiten.

Der Regelverletzer muß skrupulös prüfen, ob die Wahl spektakulärer Mittel der Situation wirklich angemessen ist und nicht doch nur elitärer Gesinnung oder narzißtischem Antrieb, also einer Anmaßung entspringt. Andererseits muß sich auch der Staat eines Urteils historischer Natur enthalten und noch denen gegenüber Respekt wahren, die heute ungesetzlich handeln und vielleicht morgen im Unrecht bleiben. Er kann um so eher darauf verzichten, sein Sanktionspotential auszuschöpfen, weil durch zivilen Ungehorsam die Existenz und der Sinn der Rechtsordnung insgesamt nicht in Frage gestellt werden. Wie es in einer politischen Kultur aussieht, wenn diese Zurückhaltung auf beiden Seiten fehlt, zeigt die in ihren Voraussetzungen und Mitteln undurchdachte Demonstration des Abgeordneten Schwalba-Hoth, zeigt freilich deutlicher noch die unsägliche Suada, die die sogenannte »Blutsudelei« ausgelöst hat. Wenn es in dieser Geschichte, abgesehen von der atavistischen Ordensbrust des Generals, etwas Blutrünstiges gegeben hat, dann war es der Schrei nach Strafe für »das scheußliche Blutattentat«.[10]

Diese hemmungslosen Reaktionen auf einen mißglückten Versuch zivilen Ungehorsams lassen Schlimmes befürchten. Sie machen den Versuch kritischer Juristen immerhin verständlich, einen Tatbestand zu legalisieren, der sich mit Mitteln des positiven Rechts sowenig zähmen läßt wie die Resistance durch das ins Grundgesetz aufgenommene Widerstandsrecht. Gewiß, es sind gute Gründe für eine Legalisierung vorgetragen worden: die einen möchten den zivilen Ungehorsam auf dem Wege der radikalen Auslegung des Demonstrations- und Versammlungsrechtes verrechtlichen;[11] die anderen versuchen dasselbe auf dem Wege der Übersetzung moral- und rechtstheoretischer Begründungen in juristisch anwendbare Rechtfertigungsformeln.[12] Gegen die Legalisierung des Tatbestandes zivilen Ungehorsams spricht aber schon der unerwünschte Normalisierungseffekt. Wenn jedes persönliche Risiko entfällt, wird die moralische Grundlage des regelverletzenden Protestes fragwürdig; auch dessen Appellwirkung wird entwertet. Der zivile Ungehorsam muß zwischen Legitimität und Legalität in der Schwebe bleiben; nur dann signalisiert er die Tatsache, daß der demokratische Rechtsstaat mit seinen legitimierenden Verfassungsprinzipien über alle Gestalten ihrer positiv-rechtlichen Verkörperung hinausweist. Weil dieser Staat in letzter Instanz darauf verzichtet, von seinen Bürgern Gehorsam aus anderen Gründen als dem einer für alle einsichtigen Legitimität der Rechtsordnung zu verlangen, gehört ziviler Ungehorsam zu dem unverzichtbaren Bestand einer reifen politischen Kultur.

Rawls und Dworkin halten in Fällen zivilen Ungehorsams eine modifizierte Strafverfolgung für angemessen. Die Behörden haben hinreichend Spielraum bei der Entscheidung, ob Anklage erhoben und das Hauptverfahren eröffnet werden soll, ob eine Verurteilung nötig ist und wie gegebenenfalls die Strafe zu bemessen ist.[13] In jedem Fall sollten aber die Gerichte erkennen lassen, daß ziviler Ungehorsam keines der üblichen Delikte ist. Der demokratische Rechtsstaat geht in seiner Legalordnung nicht auf. Für den Ausnahmefall des Versagens der Repräsentativverfassung stellt er seine Legalität denen zur Disposition, die dann noch für seine Legitimität sorgen können. Wann dieser Fall gegeben ist, kann logischerweise nicht wiederum von Feststellungen eines Verfassungsorgans abhängig gemacht werden. Der zivile Ungehorsam bezieht seine Würde aus diesem hochgesteckten Legitimationsanspruch des demokratischen Rechtsstaats. Wenn Staatsanwälte und Richter diese Würde nicht respektieren, den Regelverletzer als Kriminellen verfolgen und mit den üblichen Strafen belegen, verfallen sie einem *autoritären Legalismus.* In den Begriffen eines konventionellen, aus vormodernen Rechtsverhältnissen stammenden Staatsverständnisses verkennen und verkürzen sie die moralischen Grundlagen und die politische Kultur eines entwickelten demokratischen Gemeinwesens.

Die Anwälte des autoritären Legalismus berufen sich vorzugsweise auf Carl Schmitt. Dieser hat immer wieder das Hobbessche Gespenst der konfessionellen Bürgerkriege beschworen, um zu suggerieren, daß die friedensstiftende Funktion des weltanschaulich neutralen Staates den Gehorsam der Bürger gegenüber einem *übergeordneten* Souverän erfordert. Seine These wird in vielen Variationen durchgespielt; sie wird nicht überzeugender dadurch, daß man anstelle des Reichspräsidenten oder des Führers dem Parlament oder dem Bundesverfassungsgericht die Rolle des übergeordneten Souveräns zuschiebt.[14] Der demokratische Rechtsstaat ist gewiß neutral gegenüber den grundrechtlich geschützten subjektiven Glaubensgewißheiten seiner Bürger; keineswegs neutral verhält er sich gegenüber den intersubjektiv anerkannten moralischen Grundlagen der Legalität und des Rechtsgehorsams. Das Gewissen des Staatsbürgers erstreckt sich auch auf das, was alle angeht. Deshalb kann es keine Instanz geben, die ultimativ dem Streit um Einhaltung oder Verwirklichung der legitimierenden Verfassungsprinzipien enthoben wäre – und dies um so weniger, je tiefer der Interventionsstaat mit seinen Politiken in die gesellschaftlichen Lebensgrundlagen eingreifen muß. Der gewissenhaft begründete zivile Ungehorsam weiß sich dem Verfassungskonsens verpflichtet und darf nicht mit der Durchsetzung privater Glaubensgewißheiten verwechselt werden. Das historische Beispiel der Konfessionskriege ist ganz und gar schief; denn diese haben einem konfessionellen Staat religiöse Toleranz, d. h. das Grundrecht auf ungehinderte Religionsausübung erst abgerungen. Demgegenüber haben Thoreau und Martin Luther King, indem sie sich gegen Sklavenherrschaft und Menschenrechtsverletzung zur Wehr setzten, nicht ihre privaten Überzeugungen verabsolutiert, sondern geltende Verfassungsprinzipien eingeklagt. In diese Tradition stellen wir vielleicht morgen mit größerer Selbstverständlichkeit als heute die Brüder Berrigan und alle jene, die für die rechtswirksame Ächtung aller Massenvernichtungsmittel den zivilen Gehorsam aufkündigen.

Wo liegt das Unrecht heute?

Gleichwohl steht die prinzipielle Frage auf einem anderen Blatt als die konkrete Frage, ob denn hier und heute eine Situation gegeben ist, in der Regelverletzungen als ziviler Ungehorsam gerechtfertigt werden können. Bei der zu erwartenden Aufstellung von Raketen handelt es sich offensichtlich nicht um jenen Typus von Unrecht, gegen das Martin Luther King und die amerikanische Bürgerrechtsbewegung angegangen sind, d. h. um eine offensichtliche Verletzung von Grundrechten. Jedenfalls dürfte es nicht einfach sein, eine rüstungspolitische Maßnahme, die die Regierung in Ausführung ihrer erklärten Verteidigungs- und Außenpolitik trifft bzw. zuläßt, als Verletzung des Rechts auf Leben und körperliche Unversehrtheit oder des Rechts auf freie Entfaltung der Persönlichkeit zu interpretieren. Ebensowenig handelt es sich um jenen Typus von Unrecht, gegen den sich seinerzeit der Anti-Vietnam-Protest gerichtet hat. Der Bundesregierung kann nicht unterstellt werden, daß sie die Pflicht zur Wahrung des internationalen Friedens verletzt. Wenn man die polemisch zugespitzten, aber wohlerwogenen Argumente Erhard Epplers, eines der einflußreichsten und ernsthaftesten Protagonisten der Friedensbewegung, als Beispiel heranzieht, ergibt sich allerdings eine Situationsdeutung, aus der sich *andere* Gründe für zivilen Ungehorsam ableiten lassen. Eppler argumentiert in seinem jüngsten Buch etwa so:

Erstens: Die USA haben ihre Abschreckungsstrategie in den letzten Jahren grundsätzlich verändert. Während bis zu Carters Regierungszeit die bewußt in Kauf genommene Verwundbarkeit beider Seiten die paradoxe Bedingung für die aussichtsreiche Verhütung eines Atomkrieges gewesen ist, erstrebt die US-Regierung heute die Fähigkeit, einen begrenzten Atomkrieg gewinnen zu können – natürlich nicht, um ihn zu führen, sondern um dieses Drohpotential für eine Kriegsverhütung zu den Bedingungen einer Pax Americana einsetzen zu können.

Zweitens: Die auf dem Boden der Bundesrepublik aufzustellenden Pershing II-Raketen sollen im Rahmen dieses Konzepts die Stelle von zielgenauen Erstschlagwaffen übernehmen. Sie eignen sich dazu, innerhalb weniger Minuten die sowjetische Befehlsstruktur auszuschalten. Es geht der amerikanischen Seite nicht in erster Linie um ein Gegengewicht gegen die sowjetischen SS 20-Raketen, sondern um die glaubhafte Drohung, den Gegner im nuklearen Duell zu »enthaupten«. Deshalb haben die Amerikaner kein Interesse an einer Vereinbarung, die den vorgesehenen Waffenmix von Pershing II und Marschflugkörpern berühren würde.

Drittens: Die qualitativ neue Bedrohung zwingt die Sowjets dazu, Pershing II-Raketen, die in der Bundesrepublik aufgestellt sind, in ihrem Zielkatalog die höchste Priorität zu geben. Dadurch erhöht sich das Risiko, das die Bundesrepublik als riesiges Waffendepot ohnehin schon auf sich gezogen hat – sowohl als Ziel eines Präventivschlages wie auch als potentielle Geisel.

Viertens: Über den konkreten Anlaß hinaus bestätigt die Stationierung neuer Raketen wiederum die Unfähigkeit der Großmächte, die Spirale der Aufrüstung auch nur zum Stillstand zu bringen. Die inzwischen angesammelten Vernichtungskapazitäten stellen auch dann, wenn man nur technische Fehler und menschliches Versagen berücksichtigt, eine akute Bedrohung der Existenzgrundlagen Europas und der Welt dar. Deshalb müssen die Prämissen, unter denen die Abrüstungsverhandlungen bisher gestanden haben, verändert werden – jene naturgeschichtlich tief verwurzelte Mentalität der Selbstbehauptung, die sich in der »tödlichen Utopie der Sicherheit« manifestiert.[15]

Man muß Epplers Situationsdeutung nicht in allen Punkten teilen, man kann sie aus der Sicht der Regierung sogar für abenteuerlich halten – sie ist immerhin so gut belegt und so weit durchdacht, daß man sie als Hintergrund für die Rechtfertigung zivilen Ungehorsams ernst nehmen muß. Gewiß, niemand wird einer Regierung das Recht streitig machen, ihre Politik auf eine *andere* Interpretation zu stützen, dafür Mehrheiten zu gewinnen und diese Politik mit allen legalen Mitteln zu verfolgen – wie verhängnisvoll ihre Entscheidungen und Maßnahmen im einzelnen auch sein mögen. Wenn man Epplers Situationsdeutung zugrundelegt, kann man aber die Frage stellen, ob sicherheitspolitische Grundsatzentscheidungen, die mit eminenten Risiken verbunden sind und tief in das Leben jedes einzelnen, sogar in die Überlebenschancen ganzer Völker eingreifen, von der dünnen Legitimationsdecke einer einfachen Bundestagsmehrheit getragen werden dürfen. Plausibel ist dieser Zweifel jedenfalls für den angenommenen Fall einer Umstellung »von einer Kriegsverhinderungs- auf eine Kriegführungsstrategie« (Gert Bastian).

Wie wir aus Umfragen wissen, hat die Meinung der Bürger zum NATO-Doppelbeschluß für den Wahlsieg der jetzigen Regierungsparteien im März dieses Jahres nicht den Ausschlag gegeben. Selbst wenn das der Fall gewesen wäre, drängen sich die Fragen auf, die der Bundesverfassungsrichter Helmut Simon auf dem letzten Kirchentag in Hannover gestellt hat: »Darf denn stationiert werden, ohne daß darüber der Bundestag nach einem öffentlichen Willensbildungsprozeß durch förmliches Gesetz beschließt? Darf der Bund unter Beschränkung seiner Souveränität in die äußerst gefährliche Stationierung von Waffen einwilligen, über deren Einsatz allein der Präsident der USA entscheidet? . . . Reicht das Prinzip der einfachen Mehrheit (außerhalb des unabstimmbaren Bereichs) wirklich *stets* aus? Genügt es auch für folgenschwere Entscheidungen irreversibler Natur, d. h. für solche die bei einem Mehrheitswechsel nicht mehr einfach rückgängig zu machen sind und die tödliche Folgen für jedermann haben können, wenn sie falsch sind?« Im Lichte der gültigen Verfassungsprinzipien zieht Simon aus den politischen Zielen der Friedensbewegung die rechtliche Schlußfolgerung, daß über die technische Entwicklung und die strategische Einsatzplanung von Massenvernichtungsmitteln nicht nach dem Mehrheitsprinzip entschieden werden dürfte – ja, daß »der Gebrauch von Massenvernichtungsmitteln – ebenso wie früher einmal die Sklaverei – zum Gegenstand des Unabstimmbaren« gemacht werden sollte.

Wann funktioniert die Mehrheitsregel?

Es geht also um die Frage, ob nicht wesentliche Geltungsbedingungen der Mehrheitsregel verletzt werden, wenn über die strategische Einsatzplanung von Massenvernichtungsmitteln mit einfachen Mehrheiten (oder überhaupt durch Majorisierung) entschieden wird. Neben der von Simon erwähnten Irreversibilität der bevorstehenden Entscheidung über die Raketenstationierung läßt sich eine weitere Geltungsbedingung nennen, die heute nicht mehr unproblematisch erfüllt zu sein scheint.

Die von Eppler zusammengefaßte strategische Kritik an der Sicherheitsmentalität der nur auf äußere Sanktionen eingespielten, rein instrumentell denkenden Selbstbehauptungssysteme ist ja nur *ein* Argumentationsfaden in einem weitverzweigten Netz von Bedenken und Distanzierungen, denen die Friedensbewegung Ausdruck verschafft. Die heterogenen Gruppen, die sich in dieser Bewegung zusammenschließen, sagen nicht nur ein plebiszitäres Nein zu Atomraketen, vielmehr aggregieren sich in dieser Bewegung viele

Neins: das Nein zu Atomwaffen mit dem Nein zu Atomkraftwerken, zur Großtechnologie überhaupt, zur chemischen Umweltverschmutzung, zu Apparatemedizin, Stadtsanierung, Waldsterben, Frauendiskriminierung, Fremdenhaß, Asylantenpolitik usw. Der Dissens, der in diesem komplexen Nein zu Wort kommt, zielt nicht gegen diese oder jene Maßnahme, diese oder jene Politik; er wurzelt in der Ablehnung einer Lebensform, und zwar jener zum Normalvorbild stilisierten Lebensform, die auf die Bedürfnisse einer kapitalistischen Modernisierung zugeschnitten, auf possessiven Individualismus, auf Werte der materiellen Sicherheit, des Konkurrenz- und Leistungsstrebens usw. programmiert ist und die auf der Verdrängung von Angst und Todeserfahrung beruht. Ob nun eine Republik Wendland gegründet oder eine Großdemonstration zum Volksfest ausgestaltet wird, schon an der Art des Protestes läßt sich ablesen, daß es heute um die Konfrontation verschiedener Lebensformen geht. Wenn sich aber gemeinsame kulturelle Überlieferungen und kollektive Identitäten *aufspalten* und wenn gleichwohl das Mehrheitsprinzip in lebenswichtigen Fragen weiterhin regiert, kommt es, wie im Falle nationaler, ethnischer und konfessioneller Minderheiten, zu Abspaltungen, d. h. zu einem Separatismus, der anzeigt, daß wesentliche Funktions- und Geltungsbedingungen des Mehrheitsprinzips verletzt sind.

Die Soziologie der Mehrheitsentscheidung hat ernüchternde Evidenzen zusammengetragen, die zeigen, wie weit die politischen Einigungsprozesse von jenen angenommenen Bedingungen tatsächlich abweichen, unter denen die Mehrheitsregel Verständigungsprozesse unter Entscheidungsdruck vernünftig operationalisiert.[16] Trotzdem halten wir an der von Minderheiten respektierten Mehrheitsentscheidung als dem Königsweg der demokratischen Willensbildung fest. Daran will auch heute niemand ernstlich rütteln. Aber bestimmte *minimale* Voraussetzungen müssen erfüllt sein, wenn die Mehrheitsregel ihre legitimierende Kraft behalten soll. So darf es keine geborenen Minderheiten geben, beispielsweise aufgrund gespaltener kultureller Überlieferungen und Identitäten. Ebensowenig darf die Mehrheit irreversible Entscheidungen treffen. Die Mehrheitsregel funktioniert nur in bestimmten Kontexten überzeugend. Ihr Wert muß sich an der Idee messen lassen, wie weit sich die Entscheidungen, die sie unter Bedingungen knapper Zeit und begrenzter Informationen ermöglicht, von den idealen Ergebnissen eines diskursiv erzielten Einverständnisses oder eines präsumptiv gerechten Kompromisses entfernen. Deshalb hat Claus Offe eine reflexive Handhabung der Mehrheitsregel angeregt, nämlich in der Weise, daß die Gegenstände, Modalitäten und Grenzen der Anwendung des Mehrheitsprinzips selbst zur mehrheitlichen Disposition gestellt werden. In dieser Dimension vermute ich die Rechtfertigung für den zivilen Ungehorsam, der sich einer demokratisch unzureichend legitimierten Aufstellung von Pershing II-Raketen widersetzt.[17]

Die erzwungenen Eindeutigkeiten

Ich halte es für ein Anzeichen der Reife der politischen Kultur in der Bundesrepublik, daß die Empfindlichkeit der Bürger für die Legitimität weitreichender politischer Entscheidungen heute unverkennbar größer ist als noch in der Adenauerzeit. Dafür spricht der Protest gegen die Art eines legalen, aber eben als illegitim empfundenen Regierungswechsels, auch der Protest gegen die Durchführung einer in Ziel und Verfahren nicht hinreichend transparent gemachten Volkszählung. In den letzten Monaten öffnet sich indessen die Schere zwischen diesen wachsenden Legitimationsforderungen und der Tendenz zu einem verhärteten Legalismus. Die von der Regierung beschlossene Änderung des Demonstrationsstrafrechts, die Art und Weise, wie sich CDUregierte Länder den Gesetzesvorbehalt in Art. 8 Abs. 2 GG zunutze machen, und das von der CSU betriebene Vermummungsverbot bringen die staatsbürgerliche Wahrnehmung von Grundrechten in die Nähe der gebührenpflichtigen Ausübung einer staatlichen Lizenz. Ein Staatssekretär denkt, im Hinblick auf den »heißen Herbst«, öffentlich über die Anwendung der Notstandsgesetze nach; und die FAZ denunziert, noch bevor sie die Urteilsbegründung kennt, namentlich einen Amtsrichter, der Teilnehmer an einer Blockade freigesprochen hat.[18] Es ist an der Zeit, ohne Nachgiebigkeit klarzumachen, in welchem Sinne ziviler Ungehorsam berechtigt ist.

Das ist etwas anderes als ein Aufruf zu zivilem Ungehorsam. Die Entscheidung, ein solches Risiko einzugehen, muß jeder für sich selber treffen. Das »Recht« auf zivilen Ungehorsam bleibt aus guten Gründen in der Schwebe zwischen Legitimität und Legalität. Aber der Rechtsstaat, der zivilen Ungehorsam als gemeines Verbrechen verfolgt, gerät auf die schiefe Ebene eines autoritären Legalismus. Die von Juristen ausgegebene, von Journalisten verbreitete, von Politikern aufgenommene Parole, Gesetz ist Gesetz, Nötigung ist Nötigung, entspringt derselben Mentalität wie die Überzeugung jenes ehemaligen NS-Marinerichters, der meinte, daß, was einmal Recht war, auch Recht bleiben müsse. Denn der zivile Ungehorsam im Rechtsstaat verhält sich zum aktiven Widerstand gegen den Unrechtsstaat wie der autoritäre Legalismus im Rechtsstaat zur pseudolegalen Repression des Unrechtsstaates. Was nach 1945 vielleicht eine Binsenweisheit gewesen wäre, hat heute Schwierigkeiten Gehör zu finden. Der Positivismus des gegen äußere und innere Feinde gerichteten Sicherheitsdenkens kann sich inzwischen auf einen in der Struktur ähnlichen Positivismus des Geschichtsdenkens stützen. Seitdem die neokonservativen Vordenker Einstimmung auf positive Vergangenheiten zur nationalen Pflicht erhoben haben, finden die falschen Positivitäten der Gegenwart an denen der Vergangenheit ein historisches Unterpfand. Es ist die gleiche Geisteshaltung, im Militärischen wie im Historischen, und erst recht im Juristischen, die sich um so sturer an Eindeutigkeiten klammert, je mehr der Boden unter den Füßen schwankt. Dabei hat die Zweideutigkeit niemals eine handgreiflichere Existenz angenommen als in jenen Waffen, die perfektioniert werden, um niemals zum Einsatz zu gelangen. Wenn es wahr ist, daß die Supermächte sich nun anschicken, auch im Atomzeitalter zur Eindeutigkeit gewinnbarer Kriege zurückzukehren, wiederholt sich in dieser Utopie der Sicherheit die gleiche Denkstruktur wie in jenem rechtspositivistischen Mißverständnis der wehrhaften Demokratie, das mit der Zweideutigkeit zivilen Ungehorsams aufräumen will. Der autoritäre Legalismus verleugnet die humane Substanz des Nicht-Eindeutigen genau dort, wo der demokratische Rechtsstaat von dieser Substanz zehrt.

Anmerkungen

1 C. Cohen, *Law, Speech and Disobedience,* in: H. A. Bedau (ed.), *Civil Disobedience,* New York 1969, S. 165 ff.

2 Zuletzt W. D. Narr, *Zwölf Thesen zur Gewalt,* in: R. Steinweg (Red.), *Faszination der Gewalt,* Frankfurt/M. 1983, S. 30 ff.

3 J. Rawls, *Theorie der Gerechtigkeit,* Frankfurt/M. 1975, S. 401.

4 R. Dreier, *Widerstandsrecht im Rechtsstaat,* in: *Festschrift H. U. Scupin,* Berlin 1983, 573 ff.; G. Frankenberg, *Ziviler Ungehorsam und rechtsstaatliche Demokratie,* Ms. Cambridge 1983. Diesem Manuskript verdanke ich mehr Anregungen, als ich durch Hinweise deutlich machen kann. Vgl. auch G. Frankenberg, *Der neue Ungehorsam,* in: *Süddeutsche Zeitung* vom 1./2. Oktober 1983.

5 Dreier, *Widerstandsrecht* (s. Anm. 4), S. 587.

6 Rawls, *Theorie der Gerechtigkeit* (s. Anm. 3), S. 400.

7 E. Denninger, in: *Alternativ-Kommentar zum Grundgesetz,* Darmstadt/Neuwied (im Erscheinen).

8 G. Frankenberg, U. Rödel, *Von der Volkssouveränität zum Minderheitenschutz,* Frankfurt/M. 1981.

9 R. Dworkin, *Civil Disobedience,* in: ders., *Taking Rights Seriously.* Cambridge, Mass. 1977, S. 206 ff. vgl. auch den Titelaufsatz desselben Bandes S. 184 ff. (Deutsche Übersetzung: *Bürgerrechte ernstgenommen,* Frankfurt/M. 1984, im Erscheinen.)

10 F. K. Fromme in der *FAZ* vom 13. August 1983.

11 Th. Blanke, D. Sterzel, *Demonstrationsrecht und Demonstrationsfreiheit in der BRD,* in: Kommitee für Grundrechte und Demokratie (Hg.), *Demonstrationsrecht und gewaltfreier Widerstand,* Sensbachthal, S. 71 ff.

12 Dreier, *Widerstandsrecht* (s. Anm. 4), S. 593: »Wer allein oder gemeinsam mit anderen öffentlich, gewaltlos und aus politisch-moralischen Gründen den Tatbestand von Verbotsnormen erfüllt, handelt grundrechtlich gerechtfertigt, wenn er dadurch gegen schwerwiegendes Unrecht protestiert und sein Protest verhältnismäßig ist.« Vgl. aber Dreiers einschränkende Bemerkungen in diesem Band.

13 Vgl. den Beitrag von H. Schüler-Springorum in diesem Band.

14 Chr. v. Krockow, *Die Versuchung des Absoluten, Die Zeit,* 2. 9. 1983.

15 E. Eppler, *Die tödliche Utopie der Sicherheit,* Hamburg 1983; A. Mechtersheimer, P. Barth (Hg.), *Den Atomkrieg führbar und gewinnbar machen?* Hamburg 1983.

16 C. Offe, *Politische Legitimation durch Mehrheitsentscheidung,* Ms. Bielefeld 1983, erw. Fassung eines unter gleichem Titel erschienenen Aufsatzes in *Journal für Sozialforschung* 1982, S. 311 ff.

17 Den Einwand, daß auch die Ostpolitik seinerzeit von der sozialliberalen Koalition mit knappen Mehrheiten durchgesetzt worden sei, betrachte ich nicht als stichhaltig. Ließe sich der Abschluß der Ostverträge in eine ähnliche historisch-moralische Perspektive rükken wie die Durchsetzung von Bürgerrechten oder die Ächtung von Massenvernichtungsmitteln?

18 In der Ausgabe vom 5. August 1983.

Ralf Dreier

Widerstandsrecht und ziviler Ungehorsam im Rechtsstaat

Ich werde mich im folgenden mit der Frage befassen, ob und unter welchen Bedingungen ziviler Ungehorsam in der Bundesrepublik Deutschland rechtlich gerechtfertigt werden kann.[1] Da die Diskussion darüber mit dem Streit um das Widerstandsrecht belastet ist, beziehe ich dieses in meine Überlegungen ein. Ich gliedere meine Ausführungen in drei Abschnitte. Abschnitt I enthält Bemerkungen zu den Begriffen Widerstand und Widerstandsrecht. In Abschnitt II begründe und erläutere ich eine Formel zur rechtlichen Rechtfertigungsfähigkeit zivilen Ungehorsams. Abschnitt III behandelt einige der dagegen zu erwartenden Einwände.

I

Widerstand gegen staatliche Handlungen und Unterlassungen kann im Rechtsstaat auf vielfältige Weise geübt werden. Zu unterscheiden ist vor allem zwischen legalem und illegalem Widerstand. Legaler Widerstand ist dadurch definiert, daß er sich innerhalb der Grenzen des positiven Rechts hält, illegaler dadurch, daß er positives Recht verletzt.

Daß es ein Recht auf *legalen* Widerstand gibt, ist unproblematisch und steht außer Streit. Es wird in der Bundesrepublik durch die Grundrechte gewährleistet – vom Recht auf gerichtlichen Rechtsschutz über die politischen Mitwirkungsrechte bis zu den Freiheitsrechten, vor allem den Rechten der Meinungs- und der Versammlungsfreiheit. Streitig ist, ob und in welchem Sinne dieses Recht den Namen »Widerstandsrecht« verdient. Das ist eine Frage des Wortgebrauchs, die auf sich beruhen mag, solange man sich darüber einig ist, daß das Recht auf legalen Widerstand nicht identisch mit dem klassischen Widerstandsrecht ist.

Das klassische Widerstandsrecht ist ein Recht auf *illegalen* Widerstand. Es schließt gewaltsamen Widerstand ein, als ultima ratio auch die Tötung von Menschen. Aus dieser Tradition stammt die Definition des Widerstandes als einer gesetzeswidrigen Handlung. Widerstand, so lautet eine oft verwendete Formel, ist »Bruch der Legalität im Namen der Legitimität«. Die Befugnis zum Widerstand wird damit einer Normenordnung entnommen, die außerhalb des positiven Rechts liegt. Der traditionelle Name dafür ist »Naturrecht«. Die Formel »Bruch der Legalität im Namen der Legitimität« ist dann gleichbedeutend mit »Bruch des positiven Rechts im Namen des Naturrechts«.

Solange es, wie im Mittelalter, herrschende Meinung war, daß das Naturrecht Vorrang vor dem positiven Recht habe, bedeutete dies im Ergebnis, daß naturrechtlich begründeter Widerstand nicht nur moralisch, sondern auch rechtlich, d. h. gerichtlich, anerkennungsfähig war. Die Voraussetzungen dafür haben sich aus Gründen, die hier nicht diskutiert zu werden brauchen, im Verlauf der Neuzeit geändert. Die heute herrschende Meinung geht von einer mehr oder weniger strikten Trennung von Recht und Moral aus, wobei »Recht« ausschließlich das positive Recht und »Moral« auch dasjenige meint, was traditionell »Naturrecht«, »Vernunftrecht« und/oder »Gerechtigkeit« genannt wird. Das bedeutet im Ergebnis, daß naturrechtlich begründeter Widerstand zwar moralisch, nicht aber rechtlich anerkennungsfähig ist.

Das gilt, jedenfalls in der Bundesrepublik, mit zwei Ausnahmen. Die erste betrifft den Widerstand in totalitären Diktaturen. Er wird, unter bestimmten Bedingungen, nicht nur moralisch, sondern auch rechtlich anerkannt. So haben Gerichte nach 1945 Widerstandshandlungen, die im sogenannten »Dritten Reich«, aber auch in der DDR, begangen wurden und nach damaligem oder dortigem Recht illegal waren, in einer ganzen Reihe von Fällen für rechtlich gerechtfertigt erklärt. Das wirft interessante Fragen hinsichtlich des Begriffs des positiven Rechts auf, die hier dahingestellt bleiben mögen.

Die zweite Ausnahme betrifft das Widerstandsrecht, das 1968 als neuer Absatz 4 in Art. 20 GG eingefügt wurde. Danach haben alle Deutschen, wenn andere Abhilfe nicht möglich ist, das Recht auf Widerstand gegen Bestrebungen, die auf Beseitigung der rechtsstaatlich-demokratischen Ordnung gerichtet sind. Diese Vorschrift ist viel kritisiert worden, u. a. mit dem Argument, es sei ein Widerspruch in sich, in das positive Recht ein Recht auf Rechtsbruch aufzunehmen; ein solches Recht sei nur als überpositives denkbar. Ich möchte auf dieses Argument kurz eingehen, weil es auf einem Mißverständnis beruht, das auch in der Diskussion über den zivilen Ungehorsam verbreitet zu beobachten ist. Unstreitig ist, daß das Widerstandsrecht des Art. 20 IV GG das Recht auf illegale Handlungen einschließt. Erweist sich aber eine Handlung, die den Tatbestand einer Verbotsnorm erfüllt und deren Rechtswidrigkeit dadurch im Regelfall indiziert wird, in einem nachträglichen Rechtsstreit als widerstandsrechtlich gerechtfertigt, so bedeutet dies, daß sie, weil für sie ein Rechtfertigungsgrund bestand, von Anfang an rechtmäßig, also legal war. Sie war nur prima facie, d. h. auf den ersten Blick, illegal. Der behauptete Widerspruch löst sich somit durch den Begriff der prima facie-Illegalität auf. Das gilt für jeden Widerstand, der nicht nur moralisch, sondern auch rechtlich anerkennungsfähig ist. Das Widerstandsrecht des Art. 20 IV GG hat danach eine doppelte Funktion. Es ermutigt den Bürger, der in einer staatsstreich- oder bürgerkriegsähnlichen Situation die grundgesetzliche Ordnung verteidigen will, zu sonst verbotenen Mitteln zu greifen, und es ermöglicht es dem Richter, der später über den Sachverhalt zu urteilen hat, die fragliche Handlung positivrechtlich, d. h. ohne Rückgriff auf überpositives Recht, zu rechtfertigen. Dabei trägt der Bürger allerdings das Risiko zweier Bedingungen: erstens, daß die grundgesetzliche Ordnung bestehen bleibt, und zweitens, daß er einen Richter findet, der die Voraussetzungen des Art. 20 IV GG als gegeben ansieht.

Die beiden angesprochenen Ausnahmen von der Regel, daß illegaler Widerstand nur moralisch, nicht aber rechtlich zu rechtfertigen sei – das Widerstandsrecht gegen totalitäre Diktaturen und das Widerstandsrecht des Art. 20 IV GG –, sind Anwendungsfälle des klassischen, des sogenannten »großen« Widerstandsrechts. Sie setzen eine Ausnahmelage voraus, und sie schließen das Recht zu gewaltsamem Widerstand ein. Ob es eine dritte Ausnahme gibt, ein sozusagen »kleines« Widerstandsrecht der »Normallage«, ist streitig. Die herrschende Meinung verneint dies. Das Bundesverfassungsgericht war bislang zurückhaltender. Im KPD-Urteil von 1956 unterscheidet es zwischen einem »Widerstandsrecht gegen ein evidentes Unrechtsregime« und einem »Widerstandsrecht gegen einzelne tatsächliche oder vermeintliche Grundgesetzwidrigkeiten«.[2] Ob sich ein solches Recht grundgesetzlich begründen lasse, hat das Gericht ausdrücklich offen gelassen, da im Falle der KPD nach seiner Auffassung die Bedingungen der Rechtmäßigkeit seiner Ausübung nicht vorlagen. Gelegentlich wird gesagt, das vom Bundesverfassungsgericht gemeinte Widerstandsrecht im Rechtsstaat sei dasjenige, das 1968 in Art. 20 GG aufgenommen worden sei. Diese Auffassung ist durch den Text der Entscheidung nicht gedeckt. Dort ist von einem Widerstandsrecht gegen einzelne Rechtswidrigkeiten im Rechtsstaat, nicht von Bestrebungen zur Beseitigung der rechtsstaatlich-demokratischen Ordnung die Rede. Eher ist zu vermuten, daß das Bundesverfassungsgericht ein Widerstandsrecht im

Auge gehabt hat, wie es in den Verfassungen der Länder Hessen (Art. 147 I), Bremen (Art. 19) und Berlin (Art. 23 III) statuiert ist. Diese Vorschriften sind bislang praktisch nicht relevant geworden und können hier ausgeklammert werden. Denn das Widerstandsrecht im Rechtsstaat ist kein Problem der Länderverfassungen, sondern ein solches des Bundesverfassungsrechts.

In einem 1963 veröffentlichten Vortrag hat Bundesverfassungsrichter W. Geiger ein solches Widerstandsrecht ausdrücklich bejaht.[3] Er erblickt seine grundgesetzliche Begründung im Menschenrechtsbekenntnis des Art. 1 II GG. Zu seinen Voraussetzungen führt er aus, daß es nur gegen verfassungswidrige oder grob ungerechte Handlungen staatlicher Organe in Betracht komme und auch in diesem Fall nur dann, wenn dem Widerstand leistenden Bürger ihnen gegenüber ein Rechtsbehelf entweder überhaupt nicht oder nur deshalb nicht gegeben sei, weil die Handlung nicht in seine Rechtspositionen eingreife. Als Beispiele nennt er das Nichteinschreiten zuständiger Organe gegen rechts- oder linksextremistische Aktivitäten, ferner »Diffamierung einer politischen Gruppe durch die Regierung, Unterstützung von Unruhen in benachbarten Ländern, Benachteiligung von gesellschaftlichen Gruppen bei der Verteilung öffentlicher Mittel, Unterlassung der Erfüllung von Verfassungsaufträgen, Aushöhlung des Föderalismus mit Hilfe oder unter Duldung der Länder, Nichteinschreiten gegen Bedrohung oder Verunglimpfung der Kirchen oder grob ungerechte Tendenzen bei der Bearbeitung etwa von Wiedergutmachungsfällen, Restitutionsfällen, Ansprüchen nach dem 131er-Gesetz usw.«.[4] In allen diesen Fällen ist nach Geiger vorausgesetzt, daß es sich um vereinzelt bleibendes Unrecht handele, das das herrschende Regime noch nicht zu einem Unrechtsregime stempele. Zwar scheide dann aus Gründen des Verhältnismäßigkeitsgrundsatzes Gewalt als Mittel des Widerstandes aus, doch könne »der organisierte Protest, die Niederlegung der

Arbeit in den Ämtern und – in extremen Fällen – auch der politische Streik in Betracht kommen«.[5]

Es ist deutlich, daß Geiger damit, jedenfalls der Argumentationsstruktur nach, ziemlich genau denjenigen Problemkreis angesprochen hat, der heute unter dem Titel »ziviler Ungehorsam« diskutiert wird. Geigers Auffassung ist eine Minderheitsmeinung, aber er ist mit ihr nicht allein geblieben. Doch hat sich die einschlägige Diskussion, jedenfalls teilweise, aus dem Kontext der Debatte um das Widerstandsrecht gelöst. Über einzelne Stellungnahmen kann hier nicht berichtet werden. Ich beschränke mich darauf, mit wenigen Sätzen die drei Hauptkonstruktionen aufzuzeigen, mit deren Hilfe man in den vergangenen Jahrzehnten versucht hat, Protestverhalten, das man heute unter den Begriff des zivilen Ungehorsams subsumieren würde, rechtlich zu rechtfertigen. Dabei gehe ich davon aus, daß, von Grenzfällen abgesehen, Art. 20 IV GG wegen seiner besonderen Voraussetzungen für eine solche Rechtfertigung nicht in Betracht kommt.

Die erste Konstruktion greift auf das klassische Widerstandsrecht zurück, sieht dieses grundgesetzlich entweder im schon erwähnten Menschenrechtsbekenntnis des Art. 1 II GG oder im Grundsatz der Volkssouveränität (Art. 20 II GG) gewährleistet, beschränkt seine Ausübung im Rechtsstaat aber auf gewaltlosen Widerstand. Die zweite Konstruktion argumentiert aus einzelnen Grundrechten. Sie überprüft Protest- bzw. Widerstandsverhalten darauf, ob und inwieweit es als berechtigte Grundrechtsausübung angesehen werden kann. Die dritte Konstruktion setzt bei unterverfassungsrechtlichen Normen an – den Rechtfertigungsgründen des Straf- und des Zivilrechts, der Rechtswidrigkeitsklausel der Nötigungsparagraphen, dem Rechtswidrigkeitserfordernis zivilrechtlicher Haftungsnormen –, bezieht aber in der Regel grundrechtliche Erwägungen ein.

Alle drei Konstruktionen, die sich teilweise überschneiden,

sind möglich und im Zweifel ergebnisäquivalent. Was ihre Adäquatheit betrifft, so meine ich, daß für eine systematische Untersuchung der rechtlichen Rechtfertigungsfähigkeit zivilen Ungehorsams, vereinfacht gesagt, die erste zu hoch und die dritte zu niedrig angesetzt ist. Ich halte also die zweite Konstruktion für die angemessene. Mit ihr werde ich mich im folgenden Abschnitt befassen.

II

Ich habe zur rechtlichen Rechtfertigungsfähigkeit zivilen Ungehorsams bereits an anderer Stelle eine Formel vorgelegt, die ich hier noch einmal begründen und erläutern möchte.[6] Sie lautet: Wer allein oder gemeinsam mit anderen öffentlich, gewaltlos und aus politisch-moralischen Gründen den Tatbestand einer Verbotsnorm erfüllt, handelt grundrechtlich gerechtfertigt, wenn er dadurch gegen schwerwiegendes Unrecht protestiert und sein Protest verhältnismäßig ist. Ich erläutere zunächst die in Betracht kommenden Handlungen, dann die Struktur der grundrechtlichen Rechtfertigung und schließlich die Rechtfertigungsbedingungen im einzelnen.

1. Die in Betracht kommenden Handlungen sind durch vier Merkmale gekennzeichnet. Es muß sich a) um Ungehorsamsakte handeln, die b) öffentlich, c) gewaltlos und d) politisch-moralisch motiviert sind. Ich habe diese Merkmalskombination gewählt, weil ich meine, daß durch sie der Begriff des zivilen Ungehorsams angemessen definiert ist.

Darüber kann man natürlich streiten. Bevor man in einen solchen Streit eintritt, sollte man sich aber vergegenwärtigen, welche Funktion die Begriffsbildung hat. Es geht in ihr – das muß gegenüber immer wieder vorkommenden Mißverständnissen betont werden – noch nicht um die Kriterien der Rechtfertigung zivilen Ungehorsams, sondern um die Beschreibung dessen, was auf seine Rechtfertigungsfähigkeit geprüft werden soll. Der Begriff des zivilen Ungehorsams ist daher insoweit ein deskriptiver bzw. empirischer Begriff. Er beschreibt die gemeinsamen Merkmale einer Gruppe von Protestaktivitäten, die in der politisch-sozialen Realität tatsächlich vorkommen und üblicherweise »ziviler Ungehorsam« genannt werden.

Der Wortgebrauch ist allerdings schwankend. Es gibt daher engere und weitere Definitionen des Begriffs.[7] Die von mir verwendete Definition lehnt sich an die ziemlich enge Begriffsbestimmung von John Rawls an[8], die die inzwischen vermutlich am weitesten verbreitete ist. Gegen sie kann eingewendet werden, daß sie bereits zu sehr unter dem Aspekt der möglichen Rechtfertigungsfähigkeit zivilen Ungehorsams formuliert und daher zu eng und unzweckmäßig um normative oder normativ interpretierbare Merkmale angereichert ist. Ich werde darauf und auf andere Einwände im Rahmen der folgenden Merkmalserläuterungen eingehen.

a) Die Handlung muß ein Ungehorsamsakt sein, d. h. den Tatbestand mindestens einer rechtlichen Verbotsnorm erfüllen. Vorausgesetzt wird, daß Gebote Verbote einschließen oder in sie umformuliert werden können. Die Norm, die verletzt, und das Unrecht, gegen das protestiert wird, brauchen nicht identisch zu sein. Es gibt daher unmittelbaren und mittelbaren zivilen Ungehorsam. Erweist sich die tatbestandliche Normverletzung in einem späteren Gerichtsverfahren als grundrechtlich gerechtfertigt, so handelt es sich, wie beim rechtlich gerechtfertigten Widerstand, um bloßen prima facie-Ungehorsam. Daher ist es m. E. verfehlt, zivilen Ungehorsam dadurch zu definieren, daß er rechtlich nicht rechtfertigungsfähig sei. Auch die Bereitschaft, die rechtlichen Sanktionen, die auf dem Ungehorsam liegen, auf sich zu nehmen, gehört, wie ich meine, nicht zum Begriff des zivilen Ungehorsams. Sie mag gewissen Ungehorsamsformen eine besondere moralische Würde verleihen. Aber ziviler Ungehorsam kann auch als Kampf ums Recht geübt und verstanden werden. Daher ist mit ihm die Absicht vereinbar, die Normverletzung vor Gericht als berechtigte Grundrechtsausübung zu erweisen. Nur die Bereitschaft, sich einem Gerichtsverfahren zu stellen und das damit verbundene Prozeßrisiko zu tragen, ist wesentliches Element des zivilen Ungehorsams.

b) Die Handlung muß öffentlich sein. Das bedeutet: sie darf sich nicht im Verborgenen oder im bloßen Privatbereich abspielen, und sie muß als symbolischer Protest an die Öffentlichkeit und deren politische Repräsentanten adressiert sein. Gehorsamsverweigerungen aus Gewissensgründen, denen der Charakter eines Appells an die Öffentlichkeit fehlt, sind daher kein ziviler Ungehorsam. Sie sind eine besondere Ungehorsamsform, die hier nicht zur Debatte steht.

c) Die Handlung muß gewaltlos sein. In der einschlägigen Diskussion ist dies das umstrittenste Merkmal. Was zunächst die Frage betrifft, ob ziviler Ungehorsam überhaupt als gewaltlos definiert werden sollte, so meine ich, daß sie aus zwei Gründen bejaht werden sollte. Zum einen entspricht dies dem Ursprung und der überwiegenden Tradition des Wortgebrauchs; zum anderen wird dadurch eine spezifische Gruppe von Ungehorsamsaktivitäten erfaßt, die gerade im Rechtsstaat eine gesonderte Beachtung und Behandlung beanspruchen dürfen.

Schwieriger ist es, den Begriff der Gewaltlosigkeit angemessen zu definieren. Dazu ist daran zu erinnern, daß es hier nur erst um die Definition und noch nicht um die Rechtfertigung zivilen Ungehorsams geht. Daher wäre es verfehlt, den strafrechtlichen Gewaltbegriff in der herrschenden Interpretation, der auch psychischen Druck und die Behinderung der Bewegungsfreiheit Dritter umfaßt, zugrunde zu legen. Dadurch würde der größte Bereich tatsächlich vorkommenden zivilen Ungehorsams aus dessen Begriff herausdefiniert. Der Realität zivilen Ungehorsams angemessener ist es, als Gewalt lediglich die Verletzung von Personen oder die Zerstörung oder Beschädigung von Sachen aufzufassen. Ob es sinnvoll ist, dieser empirischen Definition ein normatives Element hinzuzufügen, etwa derart, daß Gewalt nur die Zerstörung und Beschädigung von Sachen ist, deren Wert im Verhältnis zum Protestzweck nicht völlig unerheblich ist, mag hier offen bleiben.

In jedem Falle gelangt man zu einem doppelten Gewaltbegriff. Das ist jedoch juristisch unschädlich. Denn Gewalt im Sinne der strafrechtlichen Nötigungstatbestände ist nur rechtswidrig, wenn sie verwerflich ist. Beim Verwerflichkeitsurteil kann berücksichtigt werden, daß es sich nicht um Gewalt im Sinne des Begriffs des zivilen Ungehorsams handelt.

d) Die Handlung muß politisch-moralisch motiviert sein. Damit sind bloß privatnützige Motivationen ausgeschlossen. Darüber hinaus bringt das Merkmal zum Ausdruck, daß im Akt zivilen Ungehorsams eine Minderheit an die Mehrheit appelliert, auf der Basis eines vorausgesetzten verfassungsethischen Grundkonsenses in einer Angelegenheit von öffentlicher Bedeutung ihre moralisch-rechtlichen Auffassungen zu überprüfen. Daher ist es sinnvoll, abwegige Individual- und Gruppenmoralen bereits auf der begrifflichen Ebene auszuschließen und zu verlangen, daß die Motivation Mindeststandards rationaler Rechtfertigungsfähigkeit genügen muß. Doch ist gegenüber möglichen Mißverständnissen auch zu diesem Punkt anzumerken, daß damit nur erst eine begriffliche Festsetzung getroffen wird, die noch nicht über die Rechtfertigung zivilen Ungehorsams entscheidet.[9] Allerdings fügt diese Festsetzung dem Begriff ein normatives Element hinzu. Das ist aber legitim, weil der Begriff, sofern er unter moralphilosophischem oder juristischem Aspekt gebildet wird, stets auch die Bedingungen definiert, unter denen man bereit ist, über die moralische oder rechtliche Rechtfertigung zivilen Ungehorsams zu reden.

2. Ich komme zur Struktur der grundrechtlichen Rechtfertigung zivilen Ungehorsams. Eine Handlung ist grundrechtlich gerechtfertigt, wenn sie a) in den Schutzbereich eines Grundrechts fällt und b) sich innerhalb der Schranken des Grundrechts hält.

a) Meine Ausgangsthese ist, daß alle Handlungen, die die Merkmale des Begriffs des zivilen Ungehorsams erfüllen, in den Schutzbereich der Grundrechte der Meinungs- und/oder der Versammlungsfreiheit fallen. Diese These setzt voraus, daß man eine weite Grundrechtsschutzbereichstheorie vertritt. Das führt auf schwierige Probleme der Grundrechtsdogmatik, die hier nur angedeutet werden können.[10] Zunächst eine Bemerkung zum Wortgebrauch. Der gebräuchliche, aber mißverständliche Ausdruck »Schutzbereich« meint nicht den im Ergebnis grundrechtlich geschützten Bereich, sondern nur erst den »Kontrollbereich« eines Grundrechts, d. h. den Tatbestand der Grundrechtsnorm, ohne die Schrankenregelung. Eine Handlung, die ihm unterfällt, ist im Ergebnis nur dann grundrechtlich geschützt, d. h. eine berechtigte Grundrechtsausübung, wenn sie sich innerhalb der Schrankenregelung des Grundrechts bewegt. Ich möchte das am Beispiel der Meinungsfreiheit verdeutlichen.

Ziviler Ungehorsam ist stets und definitionsgemäß eine demonstrative Meinungsbekundung. In vielen Fällen, z. B. in dem einer Sitzblockade, erfüllt er den Tatbestand einer Nötigung. Er ist dann im Sinne des strafrechtlichen Gewaltbegriffs, den ich hier voraussetze, eine gewaltsame Meinungsbekundung. Daß eine solche nur ausnahmsweise grundrechtlich gerechtfertigt werden kann, steht außer Zweifel. Denn das Grundrecht der Meinungsfreiheit, einschließlich seiner Schrankenregelung, schützt im Ergebnis nur den geistigen, d. h. im Zweifel gewaltfreien Meinungskampf. Um zu diesem Ergebnis zu gelangen, kann man zwei Argumentationsstrategien einschlagen. Die erste besteht darin, daß man eine im strafrechtlichen Sinne gewaltsame Meinungsäußerung bereits aus dem Schutzbereich des Grundrechts, also aus dem Grundrechtstatbestand, ausschließt. Korrekturen, die wegen der »Vergeistigung« des strafrechtlichen Gewaltbegriffs erforderlich werden könnten, kann man dann nur noch dadurch vornehmen, daß man den grundrechtlichen Gewaltbegriff anders definiert als den der Nötigungstatbestände.

Die zweite Argumentationsstrategie geht davon aus, daß auch eine im strafrechtlichen Sinne gewaltsame Meinungsäußerung, gewissermaßen definitionsgemäß, eine Meinungsäußerung ist und daher in den Schutzbereich des Grundrechts fällt. Ob sie tatsächlich grundrechtlich geschützt, also eine berechtigte Grundrechtsausübung ist, hängt dann davon ab, ob sie sich innerhalb der Schranken des Grundrechts bewegt. Gemäß Art. 5 II GG ist die Meinungsäußerungsfreiheit nur innerhalb der Schranken der allgemeinen Gesetze gewährleistet. Zu diesen gehören die Strafgesetze, also auch die Nötigungsparagraphen. Diese Gesetze sind aber nach ständiger Rechtsprechung des Bundesverfassungsgerichts »im Lichte« des Grundrechts, das sie beschränken, auszulegen.[11] Dabei hat eine Güterabwägung stattzufinden. Das bedeutet, daß in jedem konkreten Fall das Schutzgut der Meinungsfreiheit und das Schutzgut der Nötigungstatbestände gegeneinander abzuwägen sind. Diese Abwägung kann dazu führen, daß z. B. bei nur geringfügigen Behinderungen der Bewegungsfreiheit Dritter die Meinungsfreiheit den Vorrang hat.

Der Unterschied dürfte deutlich sein. Die erste Strategie schließt, mehr oder weniger intuitiv, gewisse Handlungen aus dem Tatbestand der Grundrechtsnorm aus und gelangt dadurch gar nicht erst in die Station der schrankenrechtlichen Güterabwägung. Die zweite Strategie interpretiert den Tatbestand weit und muß die dann erforderlich werdenden Korrekturen auf der Ebene der Güterabwägung vornehmen. Nach meiner Auffassung sprechen überwiegende Gründe für die zweite Strategie, d. h. für eine weite Grundrechtsschutzbereichstheorie. Der Hauptgrund ist, daß sich die erste Strategie, d. h. eine engere Schutzbereichstheorie, den Anforderungen der schrankenrechtlichen Güterabwägung entzieht und dadurch Gefahr läuft, den Bereich der Grundrechtskontrolle unangemessen zu verkürzen. Dazu kommt, daß sie dem Gedanken nicht gerecht wird, daß der Grundrechtskatalog des Grundgesetzes ein lückenloses Schutzsystem darstellt, welches den Gesamtbereich menschlicher Freiheit, vorbehaltlich des korrespondierenden Schrankensystems, umfaßt.

Soviel, was die Meinungsfreiheit betrifft, zur Begründung der genannten Ausgangsthese. Zur Versammlungsfreiheit sei nur noch angemerkt, daß man darüber streiten kann, ob das Merkmal »friedlich und ohne Waffen« in Art. 8 I GG zum Tatbestand oder zur Schrankenregelung des Grundrechts gehört. Diese Frage mag offen bleiben, da der Begriff »friedlich«, auf den es hier allein ankommt, nach herrschender und zutreffender Meinung nicht als »gewaltlos« im Sinne der strafrechtlichen Nötigungstatbestände, sondern als »nicht gewalttätig« im Sinne der oben gegebenen Definition zu interpretieren ist.

b) Eine Handlung, die in den Schutzbereich eines Grundrechts fällt, ist, wie gesagt, nur dann grundrechtlich gerechtfertigt, wenn sie sich innerhalb der Schrankenregelung des Grundrechts bewegt. Die Meinungsfreiheit steht, vom Jugend- und Ehrschutz abgesehen, unter dem Vorbehalt der allgemeinen Gesetze, die Versammlungsfreiheit, soweit sie Versammlungen unter freiem Himmel schützt, unter einem allgemeinen Gesetzesvorbehalt. Der Unterschied dieser Schrankenregelungen kann hier vernachlässigt werden. In beiden Fällen hat die angesprochene Güterabwägung stattzufinden. Das generelle Abwägungsergebnis kann dahin formuliert werden, daß die durch das Gesetz, welches im Akt zivilen Ungehorsams verletzt wird, geschützten Rechte und Interessen hinter das Schutzgut der Meinungs- und der Versammlungsfreiheit zurückzutreten haben, wenn mit jenem

Akt gegen schwerwiegendes Unrecht protestiert wird und der Protest verhältnismäßig ist.

3. Ich erläutere die beiden damit genannten Rechtfertigungskriterien im folgenden nur in ihren Grundzügen.

a) Der Protest muß sich gegen schwerwiegendes Unrecht richten. Auf das in diesem Zusammenhang oft verwendete Erfordernis der Offenkundigkeit sollte wegen der bekannten Probleme des Evidenzbegriffs verzichtet werden. Als Unrechtsmaßstab kommen hauptsächlich die Grundrechts- und die Staatszielbestimmungen in Betracht. Nicht rechtfertigungsfähig sind, wie auch ein Umkehrschluß aus Art. 20 IV GG ergibt, Handlungen, die darauf gerichtet sind, die rechtsstaatlich-demokratische Ordnung zu beseitigen. Die Weite und damit auch die Auslegungs- und Anwendungsproblematik des angeführten Maßstabs werden deutlich, wenn man sich vergegenwärtigt, daß in den Grundrechts- und den Staatszielbestimmungen die Hauptprinzipien des neuzeitlichen Vernunftrechts – das Würdeschutz-, das Freiheits- und das Gleichheitsprinzip sowie das Demokratie-, das Rechtsstaats- und das Sozialstaatsprinzip – als Prinzipien positiven Rechts enthalten sind. Das Unrecht kann auch in einem legislativen oder administrativen Unterlassen bestehen, d. h. in einem Nichteinschreiten gegen gesellschaftlich-politische Mißstände, die als verfassungswidrig qualifizierbar sind.

b) Der Protest muß verhältnismäßig, d. h. als Mittel zur Erreichung des Protestziels geeignet, erforderlich und angemessen sein.

(1) Das Mittel muß geeignet sein. Positiv formuliert bedeutet dies, daß der sich im Protest bekundende Appell Aussicht auf Erfolg bieten muß. Angesichts der Umstrittenheit des Erfolgskriteriums dürfte es aber sinnvoll sein, sich mit einer negativen Formulierung zu begnügen und, unter Umkehr der Begründungslast, lediglich zu fordern, daß eine Erfolgsaussicht nicht ausgeschlossen sein darf. Maßgebend für

die Erfolgsaussicht ist die Chance, mit dem Protest in der Öffentlichkeit Gehör und Verständnis zu finden und bei der Mehrheit die Bereitschaft zur Meinungsrevision zu wecken. Es ist also zwischen dem *unmittelbaren* Protestziel, d. h. der Wirksamkeit des Appells, und dem *mittelbaren* Protestziel, d. h. der Beseitigung des schwerwiegenden Unrechts, zu unterscheiden. Für die Geeignetheit und die Erforderlichkeit des Protestmittels ist auf das unmittelbare Protestziel abzustellen.

(2) Das Mittel muß erforderlich sein. Dieses Kriterium entfaltet sich im vorliegenden Zusammenhang in doppelter Richtung. Zum einen: Das Protestziel darf auf legalem Wege nicht erreichbar sein. Das ist der Fall, wenn entweder dem Ungehorsam Leistenden die zur Geltendmachung prozeduraler Rechte erforderliche Aktivlegitimation fehlt oder sich bei Berücksichtigung aller Umstände des Falles ergibt, daß der Ungehorsamsakt mit seinem spezifischen Appellcharakter erforderlich war, um die Öffentlichkeit und ihre Repräsentanten auf einen bislang nicht genügend ins allgemeine Bewußtsein erhobenen Verfassungsverstoß aufmerksam zu machen. Zu berücksichtigen ist, daß sich ziviler Ungehorsam sowohl in seiner Geeignetheit als auch in seiner Erforderlichkeit durch Unmaß verbrauchen kann.

Zum anderen: Die Intensität der Gesetzesverletzung, besonders soweit durch sie Rechte oder Interessen Dritter berührt werden, muß sich auf das geringstmögliche Maß beschränken. Sitzstreiks, Straßenblockaden, Bauplatzbesetzungen, Hausbesetzungen usw. dürften daher in der Regel nur als kurzfristige und symbolische Handlungen rechtlich rechtfertigungsfähig sein. Allgemein gilt: Je intensiver der Protest in die Rechtssphäre Dritter eingreift, desto größer muß das Gewicht der ihn legitimierenden Gründe sein. Die einschlägigen Passagen des Läpple-Urteils des Bundesgerichtshofs sind nach meiner Auffassung zu einseitig und zu restriktiv.[12]

(3) Das Mittel muß angemessen, d. h. verhältnismäßig im engeren Sinne sein. Das bedeutet: Die Folgen der tatbestandlichen Normverletzung dürfen nicht wegen voraussehbarer Gewalttätigkeiten oder sonstiger schwerer Gefährdungen des allgemeinen Rechtsfriedens außer Verhältnis zu dem angestrebten Zweck stehen. Bei Großdemonstrationen, mit denen die Gefahr verbunden ist, daß sie außer Kontrolle geraten, tragen daher die Veranstalter und die Teilnehmer im Zweifel das volle rechtliche Risiko.

III

Handlungen, die die im vorigen Abschnitt genannten Bedingungen erfüllen, sind rechtlich gerechtfertigt. Das heißt: sie sind erlaubt. In diesem Sinne besteht ein Recht auf sie, das man als »Recht auf zivilen Ungehorsam« bezeichnen kann. Die Rechtfertigungsformel kann daher in eine mit ihr gleichwertige Rechte-Formel umformuliert werden. Diese formuliert, bezogen auf bestimmte Fallgruppen, ein subjektives Recht, das den Grundrechten der Meinungs- und der Versammlungsfreiheit, in deren Überschneidungsbereich es liegt, zugeordnet ist. Die Formel lautet: Jeder hat das Recht, allein oder gemeinsam mit anderen öffentlich, gewaltlos und aus politisch-moralischen Gründen den Tatbestand einer Verbotsnorm zu erfüllen, wenn er dadurch gegen schwerwiegendes Unrecht protestiert und sein Protest verhältnismäßig ist. Das klingt provokativ, ist aber, wie ich meine, im Kern nur die Ausformulierung weithin anerkannter Prinzipien der Verfassungsrechtsprechung. Im übrigen werde ich, da beide Formeln äquivalent sind, weiterhin nur von einer Formel sprechen, womit im Zweifel die Rechtfertigungsformel gemeint ist.

Gegen sie sind Einwände zu erwarten, sowohl von Befürwortern wie von Gegnern zivilen Ungehorsams. Die Befürworter können einwenden, daß die rechtliche Rechtfertigungsfähigkeit zivilen Ungehorsams dessen moralischen Anspruch beeinträchtige. So meint Habermas, die Legalisierung habe einen »unerwünschten Normalisierungseffekt«. Wenn jedes persönliche Risiko entfalle, werde die moralische Grundlage des regelverletzenden Protestes fragwürdig. Ziviler Ungehorsam müsse zwischen »Legitimität und Legalität in der Schwebe bleiben«; nur dann signalisiere er die Tatsache, »daß der demokratische Rechtsstaat mit seinen legitimierenden Verfassungsprinzipien über alle Gestalten ihrer positiv-rechtlichen Verkörperung hinausweist«.[13] Die Verfassungsprinzipien des demokratischen Rechtsstaates gehören aber zum positiven Recht, und zwar zur ranghöchsten Stufe desselben. Alles unterverfassungsrechtliche Recht ist an ihnen zu messen, nicht nur in seiner abstrakten Geltung, sondern auch in seiner Auslegung und Anwendung im Einzelfall. Ziviler Ungehorsam ist rechtlich rechtfertigungsfähig, weil und soweit der Gegenstand des Protests ein als verfassungswidrig qualifizierbarer öffentlicher Mißstand ist und weil und soweit diese Qualifikation, neben der Verhältnismäßigkeit des Protestmittels, bei der Auslegung und Anwendung der Norm, die als Zeichen des Protests tatbestandlich verletzt wurde, zu berücksichtigen ist. Wegen der strengen Anforderungen des Verhältnismäßigkeitsprinzips wird freilich die rechtliche Rechtfertigung zivilen Ungehorsams stets auf Ausnahmen bzw. auf Ausnahmefallgruppen beschränkt bleiben. Daher trägt der Ungehorsam Leistende in jedem Fall ein hohes Prozeßrisiko; keineswegs ist sein Verhalten persönlich risikolos. Ein »Normalisierungseffekt« ist somit von der hier diskutierten Formel weder zu befürchten noch zu erhoffen.

Näher liegt deshalb ein anderer Einwand der Befürworter zivilen Ungehorsams, nämlich daß ihnen die Formel Steine statt Brot gewähre. Sie sei unberechenbar und biete keinen nennenswerten Anwendungsbereich. Dieses Argument kann im Zusammenhang mit den zu vermutenden oder auch schon erhobenen Einwänden der Gegner zivilen Ungehorsams behandelt werden: dem Überflüssigkeits-, dem Gefährlichkeits-, dem Rechtsstaats- und dem Demokratieargument. Ich beschränke mich dazu aus Zeitgründen auf wenige Anmerkungen.

1. Das Überflüssigkeitsargument besagt, daß das vorhandene System der Rechtfertigungsgründe sowie der Möglichkeiten, Verfahrenseinstellungen zu verfügen, Strafrahmen auszuschöpfen und Gnadenerweise auszusprechen, ausreiche, um allen problematischen Fällen gerecht zu werden. Das mag sein, entbindet aber nicht von der Aufgabe, die Strukturen grundrechtlicher Rechtfertigungsfähigkeit zivilen Ungehorsams systematisch zu untersuchen. Was den Anwendungsbereich der Formel betrifft, so ist ihre Aufstellung, außer aus systematischen Gründen, schon dann sinnvoll, wenn es auch nur eine Fallgruppe gibt, für die sie eine adäquate Lösungsformel darstellt. Daß es eine solche Fallgruppe gibt, belegt das Pätsch-Urteil des Bundesgerichtshofs.[14] In weiteren Fallgruppen kann die Formel zumindest, bestätigend oder kritisch, als Instrument juristischer Analyse dienen. Das zeigen instanzgerichtliche Urteile, durch die z. B. zeitlich begrenzte Straßenblockaden, unter entsprechender Interpretation der Rechtswidrigkeitsklausel in § 240 II StGB, für gerechtfertigt erklärt worden sind.[15]

2. Das Gefährlichkeitsargument besagt, daß die Aufstellung und Anwendung der Formel geeignet sei, ohnehin zu registrierenden Erschütterungen des Legalitätsbewußtseins Vorschub zu leisten. Dazu sei nur bemerkt, daß man ebensogut das Gegenteil vermuten könnte, nämlich daß die Formel geeignet sei, das Bewußtsein für die Struktur unserer Rechtsordnung und das in ihr enthaltene Freiheits- und Toleranzpotential zu schärfen. Hinzugefügt sei, daß sich entsprechende Gefährlichkeitsvermutungen, die seinerzeit gegen die Positivierung des Widerstandsrechts in Art. 20

IV GG geäußert wurden, nicht bestätigt haben.

3. Das Rechtsstaatsargument lautet, daß die Formel wegen ihres Vagheitsspielraums das Prinzip der Berechenbarkeit und Voraussehbarkeit staatlicher Machtäußerungen schwäche. Das ist richtig und belastet die Polizei wie die Demonstranten. Doch ist jenes Prinzip, wie die 50 Jahre alte Diskussion um die »Flucht des Gesetzgebers in die Generalklausel« belegt[16], seit langem geschwächt, und offenkundig ist dieser Prozeß irreversibel. Die Formel vergegenwärtigt denn auch nur, daß eine Rechtsordnung, in der generalklauselartige Grundrechts- und Staatszielbestimmungen sowie das Verhältnismäßigkeitsprinzip und das Güterabwägungsgebot geltendes Recht sind, bereits von Verfassungs wegen nicht »hart«, sondern »weich«, d. h. flexibel, ist. Die Aufstellung der Formel hat daher nicht zuletzt die Funktion, in der gegenwärtigen Debatte, in der unerträgliche und unzulässige Vereinfachungen an der Tagesordnung sind, bewußt zu machen, daß eine symbolische Protesthandlung, die den Tatbestand einer Verbotsnorm erfüllt und daher prima facie illegal zu sein scheint, keineswegs illegal zu sein braucht, sondern daß das Urteil über ihre Rechtmäßigkeit oder Rechtswidrigkeit das Ergebnis einer sorgfältigen Güterabwägung im Einzelfall zu sein hat. Das verbindliche Urteil darüber steht dem Richter zu. Keineswegs also bedeutet ziviler Ungehorsam die unzulässige Inanspruchnahme einer Rechtsdefinitionskompetenz.

4. Das Demokratieargument lautet, daß es moralisch und rechtlich geboten sei, den von der Parlamentsmehrheit beschlossenen Gesetzen Folge zu leisten, und daß daher jeder Versuch, zivilen Ungehorsam moralisch oder gar rechtlich zu rechtfertigen, dem Prinzip der repräsentativen Demokratie widerspreche. Dem berechtigten Kern dieses Arguments habe ich, wie ich meine, durch die Art der grundrechtlichen Begründung berechtigten zivilen Ungehorsams hinreichend Rechnung getragen. Selbstverständlich gebührt dem parla-

mentarischen Gesetzgeber Gehorsam, vorausgesetzt, er hält sich an die Verfassung. Tut er dies nicht, so ist ebenso selbstverständlich im Regelfall der Rechtsweg zu beschreiten. Der Weg zum Gericht kann durch einen provokativen Gesetzesverstoß eingeleitet werden, der auf die gerichtliche Überprüfung der Verfassungsmäßigkeit des verletzten Gesetzes gerichtet ist. Ob derartige Gesetzesverstöße, soweit sie öffentlich, gewaltlos und aus politisch-moralischen Gründen vorgenommen werden, als eine Erscheinungsform unmittelbaren zivilen Ungehorsams oder als eine davon zu unterscheidende Widerstandsform zu qualifizieren sind, mag offen bleiben. Das eigentliche Problem liegt nicht bei ihnen, sondern beim mittelbaren zivilen Ungehorsam, durch den ein öffentlicher Mißstand angeprangert wird.

Ohne Frage bekundet sich in ihm ein Element unmittelbarer Demokratie, das zum Prinzip der repräsentativen Demokratie im Widerspruch steht. Dieses Prinzip duldet aber, wie alle Prinzipien, Durchbrechungen und Ausnahmen, vor allem dort, wo die Repräsentativordnung ihrerseits Schwächen und Krisensymptome aufweist. Daß es zivilen Ungehorsam überhaupt gibt, ist ein solches Krisensymptom. Seine Ursachen sind vielfältig und streitig und offenkundig nicht einfach abzustellen. Daher bleibt einstweilen nur die Alternative, ihn entweder zu bekämpfen oder ihn an Regeln zu binden. Versuche, zivilen Ungehorsam moralisch und – unter strengen Voraussetzungen – auch rechtlich zu rechtfertigen, sind nicht zuletzt Versuche, ihn an Regeln zu binden. Ich bin der Auffassung, daß dieser Weg nicht nur politisch klüger, sondern, was die ausnahmsweise rechtliche Rechtfertigung betrifft, auch durch die verfassungsmäßige Ordnung der Bundesrepublik gefordert ist.

Anmerkungen

1 Vgl. dazu R. Dreier, *Widerstandsrecht im Rechtsstaat? Bemerkungen zum zivilen Ungehorsam*, in: *FS H. U. Scupin*, Berlin 1983, S. 573-590. Aus diesem Aufsatz, auf den ich wegen der Schrifttums- und Rechtsprechungsbelege für das Folgende generell verweise, habe ich, in überarbeiter Form, einige Passagen in den vorliegenden Beitrag übernommen. Vgl. ergänzend: R. Dreier, *Recht – Moral – Ideologie. Studien zur Rechtstheorie*, Frankfurt/M. 1981, S. 180 ff., bes. 198 ff. Aus dem jüngsten Schrifttum sei nachgetragen: T. Blank, *Die strafrechtliche Bedeutung des Art. 20 IV GG (Widerstandsrecht)*, Baden-Baden 1982 (Diss. Köln); J. Isensee, *Widerstand gegen den technischen Fortschritt*, in: *Die öffentliche Verwaltung* 1983, S. 65-75; A. Kaufmann, *Das Widerstandsrecht der kleinen Münze*, in: *FS I. Tammelo*, Berlin 1983 (im Druck); E. Küchenhoff, *Ziviler Ungehorsam als Rechtsinstitut*, in: *Vorgänge* 1983, S. 140-160; ders., *Ziviler Ungehorsam als aktiver Verfassungsschutz*, in: *Deutsche Polizei* 1983, Heft 9, S. 26-31; D. Rucht, *Recht auf Widerstand? Aktualität, Legitimität und Grenzen zivilen Ungehorsams*, in: *Demokratie und Recht* 1983, S. 123-143; R. Scholz, *Rechtsfrieden im Rechtsstaat*, in: *Neue Juristische Wochenschrift* 1983, S. 705-712.

2 BVerfGE 5, 85 (376 f.).

3 W. Geiger, *Gewissen, Ideologie, Widerstand, Nonkonformismus. Grundfragen des Rechts*, München 1963, S. 88-115.

4 W. Geiger, *Gewissen, Ideologie, Widerstand, Nonkonformismus* (s. Anm. 3), S. 109 f.

5 Ebd. S. 110.

6 Vgl. Dreier, *Widerstandsrecht im Rechtsstaat?* (s. Anm. 1), S. 589 ff.

7 Zum reichhaltigen Schrifttum vgl. z. B. B. Smart, *Defining Civil Disobedience*, in: *Inquiry* 21 (1978) S. 249-269.

8 J. Rawls, *Eine Theorie der Gerechtigkeit*, Frankfurt/M. 1979, S. 401.

9 Das scheint R. Wassermann, *Gandhis Jünger und das Grundgesetz*, in: *Deutsches Allgemeines Sonntagsblatt* vom 31. 7. 1983, S. 5, zu verkennen.

10 Vgl. dazu J. Schwabe, *Probleme der Grundrechtsdogmatik*, Darmstadt 1977, S. 152 ff.; R. Alexy, *Theorie der Grundrechte*, Ms. Göttingen 1983, Kap. 7.

11 Grundsatzentscheidung: BVerfGE 7, 198 – Lüth.

12 BGHSt 20, 342. Zum widerstandsrechtlichen Gehalt dieser Entscheidung vgl. G. Scheidle, *Das Widerstandsrecht. Entwickelt an-*

hand der höchstrichterlichen Rechtsprechung der Bundesrepublik Deutschland, Berlin 1969, S. 92 ff.; H. Scholler, *Widerstand und Verfassung*, in: *Der Staat* 8 (1969), S. 19-39 (28 f.).

13 J. Habermas, *Ziviler Ungehorsam – Testfall für den demokratischen Verfassungsstaat*, in diesem Band, S. 43.

14 BGHSt 23, 46 (56 ff.).

15 Für die jüngste Zeit beziehe ich mich auf Berichte der Tagespresse. Vgl. im übrigen die Nachweise bei I. v. Münch (Hg.), *GG-Kommentar*, Bd. 1, 2. Aufl. München 1981, Art. 5 Rdn. 8 und 8a; Art. 8 Rdn. 22-24.

16 Vgl. J. W. Hedemann, *Die Flucht des Gesetzgebers in die Generalklausel*, Tübingen 1933.

Horst Schüler-Springorum
Strafrechtliche Aspekte zivilen Ungehorsams

I. Ziviler Ungehorsam und Strafrecht

1. Zwei Stiefgeschwister

Ziviler Ungehorsam[1] wird als strafrechtlicher Begriff nicht gehandelt; schon gar nicht als ein solcher, der für kritische Fragen *an* das Strafrecht steht. »Widerstand« hingegen kommt vor im StGB: vor allem als »Widerstand gegen die Staatsgewalt« (§ 111 ff.), hier eng verknüpft mit dem Begriff der Gewalt. Wer einem zur Vollstreckung von Gesetzen berufenen Amtsträger, so heißt es in § 113 StGB, bei einer Diensthandlung »mit Gewalt Widerstand leistet«, wird bestraft. Aus diesem Gesetzeswortlaut läßt sich – in Abwandlung eines weithin bekannt gewordenen Ministerwortes – strafrechtlich folgern: Gewaltloser Widerstand ist kein Widerstand!

Damit ist das Problem aber nicht vom Tisch, sondern auf demselben. Solche Wortspiele verschleiern nämlich, daß es dabei um historisch, politisch, final usw. ganz verschieden aufgeladene Inhalte von »Gewalt« und »Widerstand« geht. Das Strafrecht, gern als Minimalkodex sozialethischer Verhaltensanforderungen bezeichnet, stellt sich insofern selbst innerhalb der Juristerei als ein relativ geschlossenes Subsystem dar.

Gehen wir vom zivilen Ungehorsam als einem Sammelbegriff für Verhaltensweisen aus, so ist zunächst festzustellen, daß nur ein Teil davon strafrechtliches Interesse weckt. Ziviler Ungehorsam bedient sich der Normverletzung als Mittel zum Zweck.[2] Norm ist aber – zum Glück – beileibe nicht gleich *Straf*norm. Die ganze, nach unten offene Skala von

Gesetzen, Verordnungen, Verfügungen usw.[3] kommt in Betracht, wobei sich im Bereich der staatlichen Verwaltung die deutsche Eigentümlichkeit des als Ordnungswidrigkeit verfolgten Verwaltungsunrechts oft mit sogenanntem Nebenstrafrecht mischt.[4] Andererseits mag ein und dasselbe Verhalten, wie am Beispiel der gewaltfreien Blockade noch zu zeigen sein wird, sowohl allgemeine Regelverletzung (etwa nach §§ 1, 25, 49 StVO) als auch – möglicherweise – strafbar sein. Das Wörtchen »möglicherweise« ist allerdings bedeutsam. Es scheint ein Symptom vieler Akte zivilen Ungehorsams zu sein, das Strafrecht *im Grenzbereich* zwischen »noch nicht strafbar« oder »schon strafbar« zu testen. Deshalb ist die Frage nach der Strafbarkeit von zivilem Ungehorsam, obwohl sie nur einen Teilaspekt des Verhaltens und seiner Gesamtproblematik betrifft, sachlich doch sehr gewichtig. Für den Ungehorsamen stellt der mögliche Übertritt in Kriminalität und Kriminalisierung das zumindest moralisch größte Risiko und für den Staat die zumindest politisch größte Herausforderung dar.

2. *Begriffsjuristerei: Mehr Pro als Contra*

Der Staat, so sagt man, hat das Strafmonopol. Nur er darf an Freiheit und Eigentum des Bürgers Rache nehmen, wo dieser strafbares Unrecht verschuldet hat. Das wird als historischer Fortschritt gefeiert. Komplementär dazu gehört die Errungenschaft der Neuzeit, den durch das Strafmonopol angelandeten staatlichen Machtzuwachs zu bändigen. Die Artikel 103, 104 GG, obwohl ganz allgemein die Grundrechte vor Gericht und die Rechtsgarantien bei Freiheitsentzug betreffend, stecken in Wirklichkeit voll von speziell gegen die Ausübung des staatlichen *Straf*monopols gerichteten juristischen Abwehrpositionen. Die Kurzformel »nulla poena sine lege« ist die bekannteste unter ihnen. Das »gesetzlich Bestimmtsein« der Strafbarkeit ist der Aufhänger für das ganze kunstvoll verzweigte, oft überdifferenzierte System der Strafrechtsdogmatik, dem es allemal um Grenzziehungen, nämlich um die Eingrenzung und Ausgrenzung von Strafbarkeiten geht; um De-finitionen also. Strafrechtliche Entscheidungssammlungen und Gesetzeskommentare beeindrucken deshalb gerade den Außenstehenden oft als Sammelsurium von Begriffsbestimmungen, welcher Provenienz und welcher Überzeugungskraft auch immer.

Körperverletzung (§ 223 StGB) ist schlimm; wird sie von »mehreren« gemeinschaftlich begangen, ist der erschwerte Tatbestand der gefährlichen Körperverletzung (§ 223a) gegeben. Wie viele sind »mehrere«? Mindestens zwei. Es gibt aber auch den Straftatbestand der »Schlägerei«, wenn z. B. »durch einen von mehreren gemachten Angriff« gravierende Folgen für Leib oder Leben eintreten (§ 227); wie viele sind hier »mehrere«? Mindestens drei, übrigens mit gleicher Strafdrohung wie bei der einfachen Körperverletzung. Und wie viele gehören zu einer »Menschenmenge«, diesem wichtigen Begriff im Tatbestand des Landfriedensbruchs (§ 125 StGB)? Genügen vielleicht vier? Die Rechtsprechung hat sechs bis sieben Personen nicht genügen lassen, wohl aber elf Jugendliche.[5] Andere Definitionsangebote für denselben Begriff (Menschenmenge) lauten z. B.:

– »eine nicht notwendig ungemessene, aber doch so große Personenmehrheit, daß die Zahl nicht sofort überschaubar ist«;[6]

– »eine räumlich vereinigte . . . Personenvielheit, bei der es für den äußeren Eindruck auf das Hinzukommen oder Weggehen eines einzelnen nicht mehr ankommt«;[7]

– »eine Personenmehrheit, die so groß ist, daß jeder einzelne darin nicht mehr in der Lage ist, mit jedem anderen einzelnen in unmittelbare Kommunikation zu treten«.[8]

Wer solchermaßen mit Definitionen strafrechtliche Realität bestimmen will, muß notwendigerweise weitgehend begriffsjuristisch vorgehen. Das Verwiesensein auf diese Methodik macht es besonders schwierig, Strafrecht und zivilen Ungehorsam zusammenzubringen. Denn die Diskussion um letzteren lebt weitgehend gerade von generalisierenden Erwägungen, vom Übertrumpfen positiver Werte mit überpositiven Werten, von multidisziplinär gespeisten Argumenten.

Daraus sei hier zunächst die erste Konsequenz gezogen, daß ohne das Zugeständnis wenigstens eines möglichst genauen Begriffs von zivilem Ungehorsam dessen strafrechtliche Aspekte kaum zu erhellen sein werden.

Als Arbeitsgrundlage sei deshalb der Begriff des zivilen Ungehorsams fortan durch jene Merkmale definiert, die ihm die bisher deutlichsten Konturen geben;[9] danach steht »ziviler Ungehorsam« für

(1) eine bewußte Regelverletzung als Mittel zum Zweck
(2) eines öffentlich bekundeten und
(3) ethisch-normativ begründeten
(4) symbolischen Protestes,
(5) der gewaltlos bleibt und
(6) für dessen Folgen einzustehen der Protestierende bereit ist.[10]

Ob man den so definierten zivilen Ungehorsam gleichsetzt mit dem Begriff des gewaltlosen Widerstandes, ist wohl Geschmacksfrage.[11] Im strafrechtlichen Zusammenhang würde ich eher davon abraten, weil Gewalt und Widerstand zwei strafrechtlich und außerstrafrechtlich alles andere als gleichsinnig verwendete Begriffe sind (und also mit der außerstrafrechtlichen Bedeutung von gewaltlosem Widerstand strafrechtlich noch gar nichts gewonnen ist).

Statt dessen sei die Brauchbarkeit der vorgeschlagenen Definition des zivilen Ungehorsams gleich schon einmal an zwei Beispielen geprüft. Das erste: Aus Protest gegen das Wettrüsten greift jemand zum Mittel des unbefristeten Hungerstreiks oder einer öffentlichen Selbstverbrennung. Die Normverletzung liegt hier darin, daß unser Wertsystem die

Selbsttötung wohl prinzipiell ablehnt[12] und jedenfalls ein öffentlicher Suicid die öffentliche Ordnung stört. Auch alle übrigen Kriterien der soeben wiedergegebenen Inhaltsbestimmung treffen zu, bis hin zur nicht mehr überbietbaren persönlichen Konsequenz. Strafbar allerdings ist ein solcher Akt zivilen Ungehorsams nicht. – Oder: Aus Protest gegen das Wettrüsten begießt jemand einen Repräsentanten der Streitkräfte mit Blut. Dieser im Vergleich zum ersten Beispiel zumindest unter Verletzungsaspekten harmlose Akt war bekanntlich für eine ganze Reihe von Straftatbeständen – Beleidigung, Körperverletzung, Sachbeschädigung – einschlägig. Umgekehrt erscheint zweifelhaft, ob er wirklich ganz in die Definition des zivilen Ungehorsams paßt. War er gewaltfrei? Gewalt im strafrechtlichen Sinne lag wahrscheinlich nicht vor. Ob aber auch die zu zivilem Ungehorsam Bereiten den Akteur von damals zu den ihrigen zählen würden, ist offenkundig unter ihnen selber strittig.

3. Überpositive Schwach- oder Starkstellen

Nun gibt es zum Glück auch noch andere Zugänge zum Strafrecht als das Hantieren mit Begriffen. Wenn solches Hantieren vornehmlich dazu dient, staatliche Strafgewalt berechenbar zu machen, so impliziert dies doch ein grundsätzliches Ja zur Strafjustiz als solcher, also auch zum Strafrecht als einem System von Werten. Deshalb kann gar nicht ausbleiben, daß in der Strafrechtsdogmatik auch Wertentscheidungen fallen, welche die begriffsjuristische Methodik transzendieren. Jeder Jura-Student erfährt dies, besonders im Allgemeinen Teil des Strafrechts, wo solches Werten übrigens durchaus nicht immer zugunsten des Beschuldigten ausgeht. Das Strafgesetz selbst kennt zahlreiche Begriffe, die auf außerstrafrechtliche Wertungen verweisen, so z. B., wenn ein (pflichtwidriges) Unterlassen als Verhaltensform – etwa ein Sitzen-, Stehen- oder Liegenbleiben im Rahmen der

Freiheitsdelikte – nur dann strafbar ist, wenn es »der Verwirklichung des gesetzlichen Tatbestands durch ein Tun entspricht« (§ 13 StGB); oder wenn im Rahmen der Rechtfertigung durch Notstand die widerstreitenden Interessen abzuwägen sind, und zwar im Hinblick auf ein »wesentliches Überwiegen« des geschützten Interesses über das beeinträchtigte Interesse (§ 34); oder auch wenn schließlich »das Maß der Pflichtwidrigkeit« unter den von Gesetzes wegen geforderten Strafzumessungserwägungen rangiert (§ 46).

Solches und ähnliches klingt zumindest strukturell irgendwie mit der Diskussion zum zivilen Ungehorsam verwandt – und es ist es auch. Zumindest treffen wir hier auf strafrechtliche Begrifflichkeiten, die darauf angewiesen erscheinen, durch externe Inhalte konkretisiert zu werden. Ja, viele zum Thema ziviler Ungehorsam parate Argumente scheinen sich geradezu zu drängeln, solche Konkretisierung zu leisten. Sehen wir zu, wie das funktionieren könnte.

II. »Wie würden Sie entscheiden?«

1. Ziviler Ungehorsam und Straftatbestände

(a) Kein Generalpardon

Sicher am schönsten wäre, wenn Gründe sich finden ließen, einen Akt zivilen Ungehorsams per definitionem – etwa mittels der hier unterstellten Definition – für nicht strafbar zu erklären. Einen solchen Grund könnte man z. B. darin sehen, daß es dem Ungehorsamen ja gerade nicht um das Delikt geht, sondern um den Symbolgehalt seines Verhaltens. Im Gegensatz zum »normalen« Delinquenten will er weder Lust noch Bereicherung noch Aggressionsabfuhr noch sonst etwas auf Kosten seines Opfers und sind für ihn Tatnutzen und Strafrisiko keine Bilanzierungsposten. Selbst im Gegensatz zum Klischee des Täters im weißen Kragen, dem »normalen« Wirtschaftsdelinquenten, sieht er nicht nur nicht aus wie ein »Verbrecher«, sondern er *ist* eben keiner. Die definitionsgegebene Gewaltlosigkeit des Aktes weist in dieselbe Richtung. Die Unbill soll klein gehalten werden: Regelverletzung ja, aber doch kein *Straf*unrecht! – So oder ähnlich könnten die Exemtionsversuche, das Plädoyer für ein strafrechtliches Generalpardon aussehen.

Nur: So geht es nicht. Schon per definitionem geht es nicht so. Die für den zivilen Ungehorsam konstitutive Bereitschaft, auch dessen Folgen auf sich zu nehmen, schließt mangels irgendeines stichhaltigen Gegengrundes das *straf*rechtliche Risiko ein. Es gehört zur positivistischen Komponente des Strafrechts, daß es überhaupt keinen generellen, d. h. alle möglichen Straftatbestände erfassenden Exemtionsgrund aus übergeordneten Gesichtspunkten kennt, mögen sie noch so übergeordnet sein (z. B. die Berufung auf die Wahrnehmung von Grundrechten wie das der Gewissens-, der Meinungs- oder der Versammlungsfreiheit, oder auf die Wahrnehmung berechtigter Interessen allgemein).[13] Alles, was solche Gesichtspunkte argumentativ leisten können, muß vielmehr erst einmal erfolgreich die Schleuse des einen oder anderen der strafrechtlich anerkannten Gründe für einen Unrechts- oder Schuldausschluß passieren.

Für einen Unrechtsausschluß ist die Notwehr am bekanntesten, für den Schuldausschluß die Zurechnungsunfähigkeit. In unserem Zusammenhang sind beide marginal.[14] Aber der Katalog ist größer, er ist nicht prinzipiell geschlossen und auch nicht auf das Strafgesetzbuch beschränkt.[15] Das Widerstandsrecht nach Art. 20 Abs. 4 GG z. B. gehört ebenfalls hierher. Die Zweifel, ob ziviler Ungehorsam sich darauf berufen könnte, werden hier nicht erörtert;[16] doch schon mit der Erwähnung des »großen« Widerstandsrechts muß festgehalten werden, daß auch seine Wirkung als strafrechtlicher Rechtfertigungsgrund ganz vom jeweiligen Fall und Tatbestand – z. B. Totschlag vs. Freiheitsberaubung vs. Bannkreisverletzung – abhängen würde.

Es gibt eben keinen Freibrief a priori vom ganzen Strafgesetz;[17] alles andere wäre eine petitio principii.

(b) Das Elend mit dem Gewaltbegriff

Jene Aussage erfaßt auch die Gewaltlosigkeit als wichtiges Merkmal zivilen Ungehorsams: So wenig wie zu ihm allgemein gibt es ein eo ipso strafbefreiendes Recht zum gewaltlosen Widerstand. Auch die Gewaltlosigkeit zivilen Ungehorsams hilft strafrechtlich nur insoweit, als ein Straftatbestand Gewalt voraussetzt und die Gewaltlosigkeit des Ungehorsamsaktes die straftatbestandliche Gewalt entfallen läßt. Daß die Begriffe in der Definition des zivilen Ungehorsams und der des Strafrechts sich nicht decken, wurde schon gesagt. Doch ist die Gewalt selbst in den Tatbeständen der Nötigung, des Widerstands gegen die Staatsgewalt und des Landfriedensbruchs jeweils verschieden definiert. Am plastischsten stimmt wohl die »Gewalttätigkeit gegen Menschen oder Sachen«, von der § 125 spricht, mit dem, was man sich gemeinhin darunter vorstellt, überein. Die Widerstandsdelikte gegen die Staatsgewalt (§§ 113, 114 StGB) meinen immerhin noch eine »durch tätiges Handeln gegen die Person gerichtete Kraftäußerung«.[18] Am schlimmsten hat sich der Begriff im Zusammenhang mit dem Nötigungstatbestand (§ 240 StGB) zerfasert: fast keine physische oder psychische Einwirkung bis hin zur »Gewalt durch Unterlassen«[19], die nicht eine Nötigung begründen könnte. Die Konstellationsabhängigkeit läßt sich auch dadurch verdeutlichen, daß ein Sitzen auf der Straße oder ein Liegen im »die-in« für den einzelnen möglicherweise erst dadurch zur Gewalt wird, daß neben ihm andere einzelne eben dasselbe tun. Andererseits mildert die wichtige Zusatzklausel, die Anwendung der Gewalt zu dem angestrebten Zweck müsse als *verwerflich* anzusehen sein, um die Nötigung zu einer rechtswidrigen zu machen, den Allerweltscharakter der Strafvorschrift. Es dürfte kaum lohnen, die einschlägige Rechtsprechung zum Nötigungsparagraphen und die neuerdings um das sogenannte Läpple-Urteil des BGH[20] kreisenden Auseinandersetzungen zum Gewaltbegriff hier detaillierter nachzuzeichnen; denn gerade die aktuellen Aspekte zivilen Ungehorsams im Hinblick auf den Nötigungstatbestand sind bisher kaum judiziert. Immerhin hat ein Stuttgarter Amtsrichter schon einen Blockierer freigesprochen, weil die Mittel-Zweck-Relation nicht verwerflich sei.[21]

Dennoch – um ein verbreitetes Juristendiktum zu gebrauchen – wer weiß schon, wie die Gerichte entscheiden? Wer weiß schon, *welcher* Akt zivilen Ungehorsams (laufen, gehen, stehen, sitzen, liegen und darüber hinaus) oder z. B. auch welcher Irrtum über welches Detail, gegen das der Akt sich richtet (z. B. Gefährdungsgrad oder Gesetzesvorbehalt bei der Nachrüstung), von *welchem* Gericht *wie* eingeschätzt werden wird? Auch die Verwerflichkeitsklausel in § 240, gerade weil ein Einfallstor für heterogene Argumente, läßt viele Wertungen zu; und sie sollte ihnen offen bleiben, um eine möglichst große Anzahl von Strafrichtern zu veranlassen, sich mit ihnen auseinanderzusetzen.[22]

Um es zu wiederholen: Auch auf die Gewaltlosigkeit zivilen Ungehorsams ist nach alledem kein strafgerichtlicher Verlaß, nicht einmal beim Nötigungstatbestand. Die Entwicklung bleibt offen: sie bleibt abzuwarten, und sie bleibt argumentativ beeinflußbar.

(c) Tatbestände, Tatbestände

Andererseits erschöpfen die genannten Paragraphen nicht die Delikte, die in die Diskussion um zivilen Ungehorsam eingebracht werden könnten oder schon eingebracht wurden. Letzteres tat der Generalbundesanwalt[23] mit den Tatbeständen der verfassungsfeindlichen Sabotage, der Sabotage an Verteidigungsmitteln und der Nötigung von Verfassungsorganen, die alle im Zusammenhang mit einer Blockade relevant werden könnten. Die betreffenden Texte wären für die meisten Blockierer wahrscheinlich eine Art Grusellektüre. So wird nach § 88 (verfassungsfeindliche Sabotage) bestraft, wer bestimmte öffentliche Versorgungsbetriebe außer Funktion setzt »und sich dadurch absichtlich für Bestrebungen gegen den Bestand oder die Sicherheit der Bundesrepublik Deutschland oder gegen Verfassungsgrundsätze einsetzt«. Das Berrigan-Delikt nach § 109e setzt voraus, daß durch antimilitärische Sabotageakte »die Sicherheit der Bundesrepublik Deutschland, die Schlagkraft der Truppe oder Menschenleben gefährdet« werden. Und Verfassungsorgane nötigt (§ 106), wer »mit Gewalt oder durch Drohung mit einem empfindlichen Übel« jene Organe zwingt, »ihre Befugnisse nicht oder in einem bestimmten Sinne auszuüben«. Vom symbolisch-appellativen, gewaltlosen, aber öffentlichen Protestakt des zivilen Ungehorsams erscheint dies alles meilenweit entfernt.

Aber Strafrechtler haben nun einmal eine schlimme Phantasie. Bei nur kurzem Nachdenken, was ziviler Ungehorsam sonst noch alles einem Staatsanwalt in den Sinn kommen lassen könnte, fielen mir ferner ein: Widerstand gegen die Staatsgewalt auch in der Form der öffentlichen Aufforderung zu Straftaten (§ 111); Hausfriedensbruch nach §§ 123, 124; Bedrohung (§ 241) und Sachbeschädigung (§§ 303 ff.); gefährliche Eingriffe in den Straßenverkehr (z. B. durch Beschädigen von Fahrzeugen oder Bereiten von Hindernissen) nach § 315b StGB: alles nur Vergehen zwar (während die Nötigung von Verfassungsorganen sogar als Verbrechen eingestuft ist), und alles auch nicht gerade nahegelegt durch die obigen Definitionsmerkmale zivilen Ungehorsams.

Die Tatbestandsliste sei deshalb hier nicht verlängert, die einzelnen Tatbestände seien nicht weiter entfaltet oder geprüft. Vielmehr sollte das Interesse sich den doch etwas mehr Ertrag versprechenden »vorgeschalteten« Rechtfertigungs-

und Entschuldigungsgründen zuwenden. Zuvor jedoch ist noch ein kurzes Wort fällig zu jenem Straftatbestand, der heute die Diskussion beherrscht und die Phantasie beflügelt: dem Landfriedensbruch.

(d) »Demonstrationsstrafrecht«

§ 125 StGB bestraft die Mitwirkung (bis hin zur nur noch mühsam objektivierbaren »psychischen Beihilfe«) an Gewalttätigkeiten oder Drohung mit solchen oder Aufwiegelung dazu, »die aus einer Menschenmenge in einer die öffentliche Sicherheit gefährdenden Weise mit vereinten Kräften begangen werden«. Schon die Bezeichnung »Demonstrationsstrafrecht« ist eigentlich eine Verleumdung; denn, wie nicht oft genug gesagt werden kann, Demonstrationen sind Ausübung von Grund- und Bürgerrechten, und »Landfriedensbruch« ist ein antiquiertes Wort für bestimmte, ihres gravierenden Charakters wegen mit Strafe bedrohte Störungen der öffentlichen Ordnung.[24] Daß beides gelegentlich zusammen vorkommt, entschuldigt nicht den Unbegriff eines Strafrechts für – oder gegen? – Demonstrationen.

Daß beides zusammen vorkommt, *kann* immer vorkommen. Doch wächst mit der Größe der Demonstration das Risiko für den Veranstalter. Die Friedensbewegung überzeugt bekanntlich am meisten, wenn eine Demonstration groß, größer und am größten ist – und trotzdem friedlich bleibt. Aber wir haben nun einmal nicht den Konsens, die Disziplin und die Solidarität der Polen. Deshalb ist es ein legitimes kriminalpolitisches Interesse, die Schafe von den Böcken unterscheidbar zu machen. Ob der vorliegende Kabinettsentwurf für die Polizei hierzu taugt oder nicht, ist unter Polizisten selber strittig; allgemein herumgesprochen aber hat sich bereits, daß es sich um einen jedenfalls strafrechtlich untauglichen, weil schon im Ansatz verfehlten Versuch dazu handelt. Zwar soll die von ihren Erfindern selbst als Verschärfung bezeichnete Novelle erst nach dem Herbst

1983 ins Parlament. Würde sie je Gesetz, so stünde dieses – wie es in einem jüngsten Resolutionstext von Strafrechtsprofessoren heißt – im Widerspruch zu mehreren Grundprinzipien unseres Strafrechts, z. B. der Einzeltatschuld und der Unschuldsvermutung.

(e) Rechtsgüternotstand

Am wirksamsten gegen den Vorwurf, strafbares Unrecht verwirklicht zu haben, »zieht«, wie gesagt, ein Rechtfertigungsgrund. Deren für unseren Zusammenhang interessantester ist der rechtfertigende Notstand (§ 34 StGB):

»Wer in einer gegenwärtigen, nicht anders abwendbaren Gefahr für Leben, Leib, Freiheit, Ehre, Eigentum oder ein anderes Rechtsgut eine Tat begeht, um die Gefahr von sich oder einem anderen abzuwenden, handelt nicht rechtswidrig, wenn bei Abwägung der widerstreitenden Interessen, namentlich der betroffenen Rechtsgüter und des Grades der ihnen drohenden Gefahren, das geschützte Interesse das beeinträchtigte wesentlich überwiegt. Dies gilt jedoch nur, soweit die Tat ein angemessenes Mittel ist, die Gefahr abzuwenden.«

Die Bestimmung ist, wie der Text zutreffend suggeriert, sozusagen rand-offen. Man löst nach ihrem Muster z. B. auch den Fall einer »Pflichtenkollision«, der dadurch gekennzeichnet ist, daß der einen Pflicht nur durch Verletzung einer anderen genügt werden kann. Illustrestes Beispiel dafür war, bis es zur positiv-rechtlichen Regelung kam, eine das Leben der Mutter bedrohende Schwangerschaft. Gäbe es eine Pflicht (und nicht nur ein Sich-Verpflichtet-Fühlen) zu zivilem Ungehorsam, wären wir beim gleichen Strukturmodell.

§ 34 ist aber auch ohne dies relevant genug.[25] Seine drei wichtigsten Fragestellungen an Akte zivilen Ungehorsams sind:

Das Schutzgut

Als Schutzgut bezeichnet man das Rechtsgut, von dem der Nostandstäter Gefahr abwenden will. Akte zivilen Ungehorsams werden heute in erster Linie von Angehörigen der Friedensbewegung erwartet. Mit Recht wird aber darauf hingewiesen, daß deren Schutzgüter gar viele sind. Ökologische, feministische, minoritäre und pazifistische Interessen bilden eine Art Motivations- und Ziele-Mix. Und wieder ist zu sagen, daß es für die strafrechtliche Beurteilung – hier für die Rechtfertigungsproblematik – sehr darauf ankommen wird, *welches* Schutzgut *welchem* durch den Akt beeinträchtigten Rechtsgut jeweils übergeordnet wird. Ein gerichtshängiges Genehmigungsverfahren für ein Kernkraftwerk ist eben ein anderes Schutzgut als die (abstrakte oder konkrete) Diskriminierung von Frauen, diese wieder ein anderes als die Sicherheit oder der Bestand der Bundesrepublik. Auch die normative Begründung für deren jeweilige Schutzwürdigkeit wird aus entsprechend verschiedenen Quellen gespeist. Der Betrieb eines Kernreaktors kann Unrecht sein aus allen möglichen Gründen bis hin zu dem, daß ihm die »Legitimation durch Verfahren« fehlt; die Gleichbehandlung von Männern und Frauen ist ein Verfassungswert. Schätzt man die anstehende Nachrüstung als eine Lebensgefahr für viele Bevölkerungsmillionen ein, so betrifft der Wunsch zu überleben ein so fundamentales Interesse der Spezies, daß es müßig wird, nach ethischen oder juristischen, altruistischen oder egoistischen, bevölkerungs-spezifischen oder menschheits-generellen Begründungen zu fragen.

Kein Schutzgut, um das es zivilem Ungehorsam geht, kann durch ihn selbst *unmittelbar* gerettet werden. Öffentlicher, symbolischer Protest ist der Protest gegen das Tun Dritter – und ist nicht dessen Verhinderung. Unter dem Aspekt rechtfertigenden Notstands bedeutet das, daß »die Tat« gar nicht »die Gefahr abwenden« *kann.* Insofern läuft die gesetzliche Prämisse, daß die Handlung rettungsfinal sein müsse, prima facie leer. Nun verlangt § 34 zwar gar nicht, daß die Rettung des Schutzguts gelingt; sie müßte aber wenigstens gelingen *können,* und eben hieran fehlt es obendrein. Die Offenheit der Struktur des Rechtfertigungsgrundes dürfte es indessen zulassen, auch die bloße Minderung einer Gefährdung – ja vielleicht sogar die Abwendung einer Gefahrsteigerung? – ceteris paribus in sein Spektrum einzubeziehen; und um diese geht es beim zivilen Ungehorsam allemal.

Der Gedankengang ist nichts anderes als eine juristische Spiegelung jenes Kriteriums zivilen Ungehorsams, daß zugunsten des Schutzguts ja nur Meinung und Bewußtsein gebildet, nicht aber das Schutzgut selbst vom Täter (Ungehorsamen, Protestler) durch sein Tun gerettet werden soll. Eben dasselbe *Moment der Indirektheit* schlägt sich, wie sich zeigen wird, auch beim »Gegner« zivilen Ungehorsams nieder: Adressat sind Politiker, Minister, Generäle oder Wähler, strafrechtlich Geschädigte sind mehr oder weniger Unbeteiligte (z. B. Kraftfahrer, kasernierte Soldaten, Polizisten).

Die gegenwärtige, nicht anders abwendbare Gefahr

Dies Gedankengebilde steht in Parallele zu in anderen Regelungen verwendeten Prämissen wie der Nichterlangbarkeit obrigkeitlicher Hilfe (§ 229 BGB) oder »anderer Abhilfe« (Art. 20 Abs 4 GG), ggf. der Erschöpfung des Rechtsweges, des »last resort« bei »clear and imminent danger«. Die daraus nötig werdenden Differenzierungen je nach Akt und Anlaß zivilen Ungehorsams liegen auf der Hand. Sehr wichtig werden kann vor allem der *Zeitfaktor*. Nehmen wir die Frage der Pershing II: Wenn deren Stationierung die ohnehin schon offenkundige Gefahr für Leib und Leben der Gesamtbevölkerung nicht vermindert, sondern erhöht, dann zeigt die Uhr wenige Wochen vor deren Aufstellung zwei Minuten vor Zwölf. Aber auch die Gegenargumente sind bekannt, und die strafprozessuale Wahrheitsfindung ist dem mit derlei befaßten Richter nicht leicht gemacht. Welche Sachverständige soll er fragen? Wie sollen diese Nähe und Ausmaß der Gefahr prozentuieren? Hat man doch schon errechnet, daß in einem Atomkrieg ohnehin 90 Prozent aller Opfer Zivilbevölkerung sein werden. Wer trägt hier für was die Beweislast?

Gerade weil die Nachrüstungsfrage von allen Anlässen zivilen Ungehorsams heute die politisch brisanteste und unter Zeitaspekten drängendste ist, sei das hier entscheidende Wahrscheinlichkeitskalkül mit einem Argument beleuchtet, das aus einem ganz anderen strafrechtlichen Zusammenhang stammt. In vielen Strafverfahren – besonders bei Tötungsdelikten – spielt die Frage des (nicht »direkten«, sondern nur) »bedingten« Vorsatzes die entscheidende Rolle. Denn sie trennt den Vorsatz von der sogenannten bewußten Fahrlässigkeit; beide Schuldformen »liegen eng beieinander«.[26] Die Trennungslinie verläuft dort, wo der Täter, der den Tod des Opfers oder eine andere Katastrophe als möglichen oder gar wahrscheinlichen »Erfolg« seines rechtswidrigen Tuns voraussieht, die Aktualisierung des Risikos in Kauf nimmt und sich mit ihr abfindet. Tut er es, ist er Vorsatztäter; tut er es nicht, kommt die Bestrafung wegen Fahrlässigkeit in Frage.

Übertragen auf die Nachrüstungssituation sollten wir uns einen kleinen Augenblick lang die Aktualisierung des atomaren Holocaust vorstellen. Gäbe es hinterher noch einen »objektiv nachträglichen Beobachter«, so wäre sein Urteil wohl, was Kinder gern in dem Wort »siehste!« zusammenfassen. Das heißt, jenen, die den Erfolgseintritt hätten verhindern können, wäre rückblickend zumindest das bewußt fahrlässige Eingehen des Risikos zuzuschreiben.[27] Daß ein solcher Gedankengang sich angesichts der Lage überhaupt aufdrängt, sollte beweisen, daß die stets vorzunehmende »Abwägung des Grades der . . . drohenden Gefahren« (§ 34) jedenfalls bei Ungehorsamsakten zur Verhinderung der Nachrüstung zugunsten des »Täters« ausfallen muß.

Wesentliches Überwiegen des geschützten Interesses

Dies Erfordernis ist nichts anderes als eine besondere Ausprägung des Verhältnismäßigkeitsprinzips. In der durch das typische Indirektheitsmoment zivilen Ungehorsams nötigen Verfremdung ist also zu fragen, ob der Ungehorsamsakt als

Ausdruck des Bestrebens, *andere* zur Abwendung der Gefahr zu bewegen, bei der Interessenabwägung dem strafbaren Unrecht wesentlich überlegen erscheint, welches er bei »unschuldigen Dritten« – eben gerade nicht den eigentlichen Adressaten des Protestes – angerichtet hat. Schon eine so prekäre Formulierung deutet auf die Menge von Einzelgewichten hin, die jeweils auf die Waagschalen kommen werden; kann es doch z. B. durchaus so sein, daß die »Opfer« des Protestes (nur) deshalb Opfer sind, weil sie, anstatt sich angesprochen zu fühlen, sich genötigt fühlen. Auch bei der Interessenabwägung kann der erwähnte *Zeitfaktor* vielfältig wirksam werden. Und wieder liegt ein Gerechtfertigtsein von streng definitionsgerechten Akten zivilen Ungehorsams dann am nächsten, wenn die atomare Nachrüstung Motiv und Inhalt des Protestes ist.[28]

Per Saldo, so sollte deutlich geworden sein, ist es also gar nicht so schlecht bestellt um eine mögliche Rechtfertigung aus § 34 StGB. Der Staat selbst hat sich dieser Vorschrift ja oft und großzügig genug bedient, wenn es um Verfassungsschutzmaßnahmen wie heimliches Abhören, um Terrorismusbekämpfung, polizeiliche Lockspitzel und ähnliches ging;[29] die Vorschrift hat die liebevolle Zuwendung der Friedensbewegung verdient.

(f) Entschuldigungsgründe

Offeneres, eher noch unsichereres Terrain betreten wir bei den Schuldausschließungsgründen.[30] Die gesetzlichen – vor allem ein Entschuldigungsnotstand (§ 35 StGB) oder Verbotsirrtümer – kommen hier kaum in Betracht.[31] Altruistische Motivationen helfen erst recht nicht weiter, wie es ja auch keine Robin-Hood-Exkulpation für Diebe und Gauner gibt. Als übergesetzliche Entschuldigungsgründe finden sich wieder die Pflichtenkollision, die ähnlichen Strukturen wie den bereits erörterten folgt, sowie die Unzumutbarkeit normgerechten Verhaltens im Köcher der Dogmatik; eher hier übrigens als in dem der Rechtsprechung. Man weiß eben nie, wie die Gerichte entscheiden ...

Ein in diesem Zusammenhang naheliegendes Stichwort sei dennoch aufgegriffen, nämlich die Figur des *Überzeugungstäters*. Scheint sie nicht dem »Protesttäter«[32], dem zivil-ungehorsamen aus Gewissensüberzeugung, geradezu auf den Leib geschneidert?

Sie wäre es nicht, selbst wenn das Gewand vor Strafe schützte, was es ja nicht einmal zu Zeiten der Festungshaft als Strafform tat. Der typische Protesttäter ist aber auch deshalb kein typischer Überzeugungstäter, weil seine Überzeugung und sein Verhalten sich ja nicht gegen die Geltung und Berechtigung der verletzten Strafnormen richtet, und zwar per definitionem nicht.[33] Aktuelle Beispiele für letzteres sind im Rahmen der strafbewehrten Wehrdienstpflicht oder der §§ 218 ff. bekannt geworden. Auch dort jedoch schützen Überzeugung und die Stimme des Gewissens bekanntlich nicht vor staatlicher Strafe.

2. *Strafzumessung*

Dennoch bleiben Überzeugung und Gewissen nicht irrelevant; sie schlagen vielmehr zwingend zu Buche, wenn es um die *Zumessung* einer nach – und trotz – alledem verwirkten Strafe (auf Geld, auf Freiheit, auf Bewährung) geht. Der Gesetzestext spricht hier für sich: Das Maß der »Schuld«, auf welches die Strafzumessung sich gründet, wird u. a. maßgeblich (§ 46 II) mitbestimmt durch

– die Beweggründe und Ziele des Täters,
– die Gesinnung, die aus der Tat spricht,
– das Maß der Pflichtwidrigkeit,
– die Art der Ausführung der Tat,
– das Vorleben des Täters und
– sein Verhalten nach der Tat.

Speziell für eine Rücksicht auf Motive und Verhaltensmodalitäten eröffnet sich dadurch weiter Raum.

Insofern – *nur* insofern! – läßt sich in der Tat sagen, daß ziviler Ungehorsam, definitionsgerecht betätigt, ein generelles Privileg verdient. Denn die genannten, bei der Strafzumessung gebotenen und im Zweifel strafmildernden Rücksichten geben dem »Täter« gewissermaßen zurück, was er in seiner »Tat« mit einbrachte: den Grundkonsens über das Weiterleben unserer Gesellschaft und die Erhaltungswürdigkeit ihrer verfaßten Ordnung als eines zumindest immerhin vorletzten Ziels.

3. Ziviler Ungehorsam und Strafverfahren

Neben der Strafzumessung gibt es allerdings noch andere, besonders im Bereich der Bagatellkriminalität hochbedeutsame Möglichkeiten, glimpflich davonzukommen: nämlich die der Verfahrenseinstellung, »wenn die Schuld des Täters als gering anzusehen« ist (§ 153 StPO). Das setzt u. a. voraus, daß »kein öffentliches Interesse an der Verfolgung besteht«. Worin solch öffentliches Interesse besteht, weiß niemand so ganz genau; statt genereller Statements finden sich kasuistische Hinweise, z. B. auf das Interesse an einer »Klärung des kriminogenen Hintergrundes«, an einer »Verhinderung weiteren Schadens«[34] oder auf eine »Störung des Rechtsfriedens über den Lebenskreis des Verletzten hinaus«.[35]

Für uns sehr einschlägig klingt das alles nicht. Dem Defizit an Klärung dessen, was öffentliches Interesse an Strafverfolgung im Zusammenhang mit zivilem Ungehorsam ist, steht deshalb m. E. ein wirklich dringendes öffentliches Interesse gegenüber, diese Frage zu klären.[36] Denn es könnte ja ganz anders sein, als so manche Verlautbarungen zum »heißen Herbst« glauben machen: daß – anstatt eines besonderen Verfolgungsinteresses – ein öffentliches Interesse daran besteht, zivilen Ungehorsam so wenig wie möglich zu kriminalisieren.

Und selbst dann noch, also selbst bei bejahtem öffentlichen Interesse an der Strafverfolgung, kann der Beschuldigte mit einer Einstellung davonkommen, wenn er bestimmte im Gesetz vorgesehene freiwillige Leistungen erbringt, z. B. den angerichteten Schaden wiedergutmacht oder an eine gemeinnützige Einrichtung spendet.[37] Als Bekundung von nachträglicher Reue erschiene dergleichen zwar dysfunktional, denn die »Täter« wollen ja gerade nicht die Besserung geloben, künftigen Protest zu unterlassen. Aber darum geht es auch gar nicht, sondern nach klarem Gesetzestext nur darum, durch solche Leistungen *das öffentliche Interesse am Strafen* nachträglich wieder auszuräumen. Die Leistungen tangieren also weder die Überzeugung und das Gewissen des Beschuldigten noch die law-and-order Ambitionen der Strafverfolgungsorgane. Für Richter, Staatsanwälte und Beschuldigte besteht hier noch ein beträchtliches Einigungspotential, um unsinnige Konsequenzen zivilen Ungehorsams zu verhindern.

III. Schlußgedanken

»Ziviler Ungehorsam und Strafrecht«: Meine Ausführungen haben mir in ihrer eigenen Abfolge immer deutlicher gemacht, wie wenig die strafrechtlichen Aspekte ins Zentrum der Thematik zivilen Ungehorsams gehören. Gewiß, das Strafrecht bleibt eine Art Grenztest auf Akte zivilen Ungehorsams so wie auf alles Verhalten der Gesellschaftsmitglieder (»Rechtsgenossen«) auch sonst. Das staatsrechtliche, das gesellschaftliche und das politische Gewicht des Themas sind aber weitaus größer als seine strafrechtliche Relevanz. Um so schlimmer ist es, daß die Thematik in der gegenwärtigen Auseinandersetzung sozusagen »durchkriminalisiert« wird.

Die politischen Interessen hinter einer sozialpsychologischen Assoziierung von politischen Protest Äußernden mit Kriminellen sind durchsichtig. *Dem* entgegentreten heißt Schaden von unserer Demokratie wenden.

Wirklich schließen möchte ich aber mit einem ganz anderen Hinweis, der zwar abseitig erscheinen mag – freilich nur *etwas* abseitig und immerhin auch strafrechtlicher Art. Es geht um Pershing II. Die Raketen sind, wie inzwischen wohl niemand mehr ernstlich bestreitet, *Erst*schlagwaffen. Dennoch sollen sie – *nur* – verteidigen. Eine Verteidigung durch den Erstschlag aber ist für den nicht im flexible-response-Denken Befangenen eben jene sprichwörtliche »beste« Verteidigung, die im Angriff besteht. Der besondere Teil unseres StGB wird durch § 80 eröffnet: »Wer einen Angriffskrieg, an dem die Bundesrepublik Deutschland beteiligt sein soll, vorbereitet und dadurch die Gefahr eines Krieges für die Bundesrepublik Deutschland herbeiführt«, wird mit bis zu lebenslanger Freiheitsstrafe bestraft. Es gibt bekanntlich kein internationales Strafrecht. Wenn es ein solches gäbe, müßte nach allem, was wir erleben, unser § 80 dort an erster Stelle stehen.

Anmerkungen

1 Die Bedeutung dieses Begriffs muß sich hierzulande erst einspielen. Wörtlich genommen wäre jeder Verstoß eines Zivilisten gegen staatliche Ge- oder Verbote »ziviler Ungehorsam« – jede Straftat also erst recht. In Wirklichkeit meint das englische Pendant eine Art Bürgertugend: »civil« steht nicht im Gegensatz zu militärisch, sondern hat denselben Sinn wie in »Zivilcourage«; und »disobedience« bedeutet die Verweigerung von Gehorsam viel eher gegenüber »law« anstatt – wie »Ungehorsam« bei uns primär assoziiert werden dürfte – gegenüber »order«.

2 Bummelstreik und »Dienst nach Vorschrift« wären Grenzfälle eines Normverstoßes durch formale Normbefolgung.

3 Dreier spricht von Handlungen, die »den Tatbestand einer unterverfassungsrechtlichen Verbotsnorm« erfüllen, in: *Widerstand im Rechtsstaat?*, in: *FS H. U. Scupin*, Berlin 1983, S. 573 ff., 575.

4 Z. B. §§ 369 ff., 377 ff. Abgabenordnung und das Problem »Steuerboykott«.

5 Dreher/Tröndle, *StGB-Kommentar*, 41. Aufl. 1983, § 124 Rdn. 2. Auf Einzelnachweise aus dem einschlägigen strafrechtlichen Schrifttum (Kommentare, Lehrbücher, Entscheidungssammlungen) wird hier weitgehend verzichtet.

6 Lackner, *StGB-Kommentar*, 15. Aufl. 1983, Anm. 2a zu § 125.

7 Schönke-Schröder, *StGB-Kommentar*, 21. Aufl. 1982, § 125 Rdn. 10.

8 Dreher/Tröndle, *StGB-Kommentar* (s. Anm. 5), § 124 Rdn 2.

9 Vgl. die Beiträge von Habermas und Dreier in diesem Band, jeweils mit weiteren Nachweisen.

10 Gelegentlich spielen zwei weitere Merkmale eine Rolle, nämlich die Erschöpfung aller sonstigen Abhilfen (»letztes Mittel«) und daß die zugefügte Beeinträchtigung nicht unverhältnismäßig sein dürfe; sie wurden in die obige Definition deshalb nicht mit aufgenommen, weil sie bei der nachfolgenden strafrechtlichen Würdigung ohnehin wiederkehren.

11 So z. B. Dreier, *Widerstand im Rechtsstaat?* (s. Anm. 3).

12 Z. B. Maunz/Dürig/Herzog, *Kommentar zum Grundgesetz*, 5. Aufl. 1982, Art. 2 II, Rdn. 12.

13 Der Versuch von Eser (*Wahrnehmung berechtigter Interessen als allgemeiner Rechtfertigungsgrund*, 1969), aus dem Grundgedanken in § 193 StGB eine generelle Rechtfertigung abzuleiten, hat sich bisher nicht durchsetzen können.

14 Das ist vor allem gegenüber der Idee zu betonen, ziviler Ungehorsam könne Notwehr sein: Wogegen er sich richtet, erfüllt nicht die (kumulativ nötigen) Voraussetzungen eines »gegenwärtigen rechtswidrigen Angriffs«, und selbst wenn dem so wäre, wäre (bloßer) ziviler Ungehorsam nicht die (»durch Notwehr gebotene«) »erforderliche Verteidigung« dagegen (§ 32 StGB).

15 Außerstrafrechtlich und »klassisch«: §§ 228 ff., 904 BGB; § 127 StPO.

16 Dazu s. Dreier in diesem Band.

17 Räumliche, zeitliche und persönliche (Immunität, Indemnität) Geltungsgrenzen des Strafrechts sind kein Gegenargument (vgl. §§ 2 ff., 36, 37, 78 ff. StGB, § 152a StPO, Art. 46 GG).

18 Schönke-Schröder, *StGB-Kommentar* (s. Anm. 7), § 113 Rdn. 42.

19 Schönke-Schröder *StGB-Kommentar* (s. Anm. 7), Vorbem. vor

§§ 234 ff. Rdn. 20.

20 Vom 8. 8. 1969, BGHSt 23, 46 ff.

21 Vom 3. 8. 1983, GeschNr. B 33 Cs 2424/83.

22 Eben deshalb wäre auch die gelegentlich befürwortete Anreicherung der Verwerflichkeitsklausel durch gesetzlich festzuschreibende demonstrationsrechtliche Gesichtspunkte o. ä. keine Lösung des Problems; es würde nur verschoben, nämlich von einer notwendig fallbezogen-grundsätzlichen zu einer eher subsumtionstechnisch-auslegenden Argumentation.

23 Nach *DIE ZEIT* vom 2. September 1983, Dossier S. 9.

24 So immerhin (und deutlich genug) die gesetzliche Abschnitts-Überschrift vor §§ 123 ff. StGB.

25 Hier nicht sehr hilfreich wäre ein Eingehen auf die strittige Frage, ob bei einer Nötigung nach § 240 StGB einem allgemeinen Rechtfertigungsgrund oder der (Verneinung der) Verwerflichkeit der Vorrang gebühre; denn eine nicht verwerfliche Nötigung ist laut Gesetzestext (§ 240 II) keine rechtswidrige Nötigung, und eine aus allgemeinen Gründen gerechtfertigte Nötigung ist sicher nicht verwerflich.

26 BGH vom 7. 6. 1983, NStZ 1983 S. 407.

27 Dazu folgendes – natürlich nicht auf unseren Zusammenhang gemünztes – Zitat aus dem genannten BGH-Urteil (s. Anm. 26): »Wie der Senat in früheren Entscheidungen schon mehrfach ausgeführt hat, liegt es bei äußerst gefährlichen Gewalthandlungen zwar nahe, daß der Täter auch mit der Möglichkeit, das Opfer könne dabei zu Tode kommen, rechnet und, weil er gleichwohl sein gefährliches Handeln fortsetzt, auch einen solchen Erfolg billigend in Kauf nimmt, doch muß dies nicht immer so sein. ... Da vor dem Tötungsvorsatz eine viel höhere Hemmschwelle steht als vor dem Gefährdungsvorsatz, kann es auch so liegen, daß der Täter den Tötungserfolg als möglich vorausgesehen und dennoch ernsthaft, nicht nur vage, darauf vertraut hat, er werde nicht eintreten. Dann handelt er in bezug auf den Tötungserfolg nur (bewußt) fahrlässig.«

28 Auch das den Gesetzestext abschließende Erfordernis (Rechtfertigung aus Notstand »nur, soweit die Tat ein angemessenes Mittel ist, die Gefahr abzuwenden«, § 34 S. 2) dürfte dann keine Zusatzschwierigkeiten bereiten.

29 Dazu vgl. K. Huber, *§ 34 als Rechtfertigungsgrund für hoheitliches Handeln,* jur. Diss., München 1982.

30 Ihre systematische Bedeutung liegt u. a. darin, daß sie zwar zum Freispruch führen, gegen das Verhalten eines entschuldigten Täters aber Notwehr möglich ist.

31 Entsprechendes gilt für die in den Widerstandsdelikten §§ 113, 114

eigens und ausführlich geregelten Irrtumsfälle.

32 Begriff nach R. Scholz, *Rechtsfrieden im Rechtsstaat*, in: *Neue Juristische Wochenschrift* 1983 S. 705 ff.; dazu G. Frankenberg, *Ziviler Ungehorsam und rechtsstaatliche Demokratie*, Ms. 1983.

33 Vgl. J. Ch. Gödan, *Die Rechtsfigur des Überzeugungstäters*, 1975, S. 90, 199 ff., 239 f.

34 Kleinknecht/Meyer, *StPO-Kommentar*, 36. Aufl. 1983, § 153 Rdn. 7.

35 Richtlinien für das Straf- und Bußgeld-Verfahren Nr. 86 (zum Öffentl. Interesse bei Privatklagesachen).

36 Hierzu neuerdings ausführlich J. Wagner, *Legalitätsprinzip und politischer Protest*, in: *Kriminalistik* 1982 S. 253-278 u. 306-311; vgl. auch K. Hobe, *»Geringe Schuld« und »öffentliches Interesse« in den §§ 153, 153a StPO*, in: *Festschrift Leferenz*, 1983, S. 629 ff., 643 ff.

37 § 153a StPO; weitere und weiter gehende Möglichkeiten, von Verfolgung abzusehen und Strafverfahren einzustellen, eröffnen sich den Jugendgerichten nach §§ 45, 47 JGG; sie gelten für jugendliche (14 bis 18jährige) Beschuldigte immer, für heranwachsende (18 bis 21jährige) Beschuldigte nur dann, wenn Jugendstrafrecht auf sie angewendet wird (§§ 105 ff., 109 JGG).

Helmut Simon
Fragen der Verfassungspolitik

An dieser Veranstaltung nehme ich vor allem deshalb teil, um zu hören, was an Argumenten ausgetauscht wird. Beim Bundesverfassungsgericht sind Verfahren aus Anlaß von Großdemonstrationen und Sitzblockaden anhängig, für deren sachgerechte Entscheidung ich mir nachdenkliche Denkanstöße erhoffe. Daran ist Mangel in unserer aufgeregten Zeit, in der weithin flinke Vereinfacher das Feld beherrschen und durch Polemik oder gar Diffamierungen den offenen Meinungsstreit um möglichst »richtige« und weiterführende Antworten vergiften.

Angesichts der anhängigen Verfahren werden Sie von mir nicht erwarten, daß ich mich unmittelbar zum Thema der Veranstaltung äußere. Ich soll hier reden wegen meines Votums auf dem Evangelischen Kirchentag in Hannover, das damals in die Beratungen über den möglicherweise bevorstehenden »heißen Herbst« einleiten sollte. Es war unter dem Thema »Umkehr aus der Ohnmacht« angelegt auf einen Beitrag zur »Abrüstung im Innern«, ist aber leider in der Publizistik teilweise kraß und auch böswillig verzerrt, von den Teilnehmern hingegen richtig verstanden worden. Diese Teilnehmer erwiesen sich als durchweg loyale, engagierte und sachkundige Staatsbürger mit ungewöhnlicher Hörbereitschaft und Friedfertigkeit. Daß ausgerechnet solche Menschen sich durch die Nachrüstung an die Grenzen der Loyalität versetzt sahen, empfanden sie selbst als einen Schock; daß gerade sie ins Abseits geraten oder gar kriminalisiert werden könnten, erscheint mir ihretwegen wie um unseres Gemeinwesens willen unerträglich.

Lassen Sie mich aus dem Kirchentagsvotum (vollständig

veröffentlicht in *Kirchentagstaschenbuch Hannover 83*) einige derjenigen Sätze zitieren, die sich speziell an die Inhaber der staatlichen Macht in der Erwartung richteten, sie möchten Augenmaß und Weisheit einüben:

»Auch und gerade ihnen sollte bewußt sein, daß wir im Blick auf Massenvernichtungsmittel in einer Übergangssituation leben, in der sich Ethik und geltendes Recht nicht mehr voll decken. Ist im übrigen eigentlich die Rechtslage wirklich so eindeutig, wie manche meinen? . . . Darf denn stationiert werden, ohne daß darüber der Bundestag in einem öffentlichen Willensbildungsprozeß durch förmliches Gesetz beschließt? Darf der Bund unter Beschränkung seiner Souveränität in die äußerst gefährliche Stationierung von Waffen einwilligen, über deren Einsatz allein der Präsident der USA entscheidet? Müßten nicht überhaupt die herkömmlichen Entscheidungsstrukturen unserer rechtsstaatlichen Demokratie teilweise fortentwickelt werden? Sie haben sich durchaus bewährt und genügen für die Fülle der notwendigen Entscheidungen. Aber reicht das einfache Mehrheitsprinzip außerhalb des unabstimmbaren oder noch nicht unabstimmbaren Bereichs wirklich *stets* aus; genügt es auch für folgenschwere Entscheidungen irreversibler Natur, d. h. für solche, die bei einem Mehrheitswechsel nicht mehr einfach rückgängig zu machen sind und die tödliche Folgen für jedermann haben können, wenn sie falsch sind? Müssen wir uns hier nicht verbesserte Entscheidungsstrukturen einfallen lassen, um wenigstens die Akzeptanz solcher Entscheidungen zu verbreitern? Ich habe hier an unsere Vorfahren gedacht, die mit schöpferischer Fantasie die rechtsstaatliche Demokratie in ihrer heutigen Gestalt durchgesetzt haben. Diese wäre uns gewiß nicht als Erbe zugefallen, wären unsere Vorfahren so denkfaul und so angepaßt gewesen wie wir.«

Diese Sätze möchte ich durch einige mehr verfassungspolitische als verfassungsrechtliche Überlegungen erläutern. Dabei darf ich Sie vorab an eine Selbstverständlichkeit, nämlich daran erinnern, daß sich unser Staatswesen als rechtsstaatlich begrenzte Demokratie charakterisieren läßt. Das heißt einerseits: Die Bürger als Inhaber der Staatsgewalt verleihen Herrschaft auf Zeit an die gewählten Organe, deren Entscheidungsbildung nach dem Mehrheitsprinzip verläuft. Andererseits ist der Mehrheitsentscheidung entzogen, was die Verfassung in den Grundrechten und anderen Grundprinzipien als das Unabstimmbare im Interesse aller Staatsbürger und insbesondere der Minderheiten schützt. Durch diese Grundrechte ist in erheblichem Umfang als geltendes Recht verboten, was in der rechtsphilosophischen Ethik als Naturunrecht bezeichnet wird. Extreme historische Beispiele für dieses Naturunrecht sind etwa Sklaverei, Judenmorde und Rassismus, über die heute auch eine demokratische Mehrheit selbstverständlich nicht mehr rechtens beschließen könnte. Das alles ist wohl klar und unstreitig.

Bevor ich zur nächsten und wichtigeren Überlegung übergehe, erlauben Sie eine kurze Abschweifung. Ich verstehe mich als Verfassungspatriot und als entschiedener, streitbarer Verfechter der rechts- und sozialstaatlichen Demokratie, in der sich die erlittene Erfahrungsweisheit der Besten unserer Vorfahren verkörpert. Schon Anfang der sechziger Jahre bin ich als einer der ersten dafür eingetreten, den Rechtsstaatsgedanken in der evangelischen Rechtsethik heimisch zu machen. Um so mehr beunruhigt mich die schleichende Umwertung fundamentaler Verfassungswerte in einem platt positivistischen obrigkeitlichen Sinne. Das läßt sich sowohl beim Demokratieprinzip und insbesondere am Rechtsstaatsgedanken beobachten: So wird das Rechtsstaatsgebot zunehmend gleichgesetzt mit dem Gehorsam gegenüber staatlichen Vorschriften; werden diese verletzt – wohlgemerkt: durch Jugendliche, nicht etwa durch Steuersünder oder Umweltverbrechen –, wird lamentiert, der Rechtsstaat sei in Gefahr. Nun ist es sicher richtig, daß jeder Staat, auch der Rechtsstaat, auf die Achtung legaler Entscheidungen und die Gesetzestreue der Bürger angewiesen ist. Aber die Gemeinschaft vor Rechtsbrüchen von Bürgern zu schützen, ist schließlich sogar Aufgabe des obrigkeitlichen Polizeistaates; ohne die in der Natur des Menschen angelegte Gefahr von Rechtsbrüchen könnten wir auf ein innerstaatliches Machtinstrumentarium überhaupt verzichten. Die spezifische Besonderheit der Rechtsstaatlichkeit, ihr eigentlicher Lebenswert, liegt anderswo: sie schützt die Bürger vor unverhältnismäßigem staatlichen Machtgebrauch; sie zielt auf Begrenzung und Bändigung der Staatsgewalt, auf eine Bindung zuerst und vor allem der staatlichen Organe an das Recht. Viele staatliche Vorschriften und Maßnahmen sind wegen Verletzung der Rechtsstaatsidee für verfassungswidrig erklärt worden! Das Interesse an Begrenzung der Staatsmacht hat in der schönen neuen Welt des modernen Staates mit seinen weitreichenden Reglementierungs- und Überwachungsmöglichkeiten und den Ohnmachtserfahrungen gegenüber der Bürokratie eher noch zugenommen. Schaden leidet die Rechtsstaatsidee durch staatliches Fehlverhalten und weniger durch Rechtsverstöße der Bürger.

Wenden wir uns nach dieser Abschweifung wieder den Entscheidungsstrukturen der rechtsstaatlichen Demokratie zu. Diese ermöglichen in der Fülle der Streitfragen tragbare und zumutbare Entscheidungen. Es bleiben aber offenbar einige wenige sehr schwierige Grenzfälle, vor allem im Bereich der Ökologie und der Sicherheitspolitik, die sich durch Besonderheiten abheben:

Erstens: Kennzeichnend erscheint zunächst, daß bei ihnen Recht und Ethik noch tiefer auseinanderklaffen, als das auch sonst oft der Fall ist. Das bedarf der Erläuterung. Schon um seiner Akzeptanz willen soll das geltende positive Recht grundsätzlich eine Übereinstimmung mit den in der Gemeinschaft anerkannten ethischen Grundüberzeugungen anstreben. Das kann in einer pluralistischen, interessenbestimmten Gesellschaft selbstredend keine Übereinstimmung mit den ethischen Überzeugungen eines jeden einzelnen bedeuten. Die subjektive Gewissensüberzeugung des einzelnen kann die Rechtsordnung zwar dort großzügig tolerieren, wo es – wie etwa bei der Kriegsdienstverweigerung – negativ um die bloße Verweigerung von Anforderungen geht. Für die positive Ausgestaltung des staatlichen Handelns hingegen müssen demokratische Mehrheitsentscheidungen und Kompromisse den Ausschlag geben, selbst wenn sie einzelnen ethisch fragwürdig erscheinen. Deren Verbindlichkeit wird – wie erwähnt – nur dadurch begrenzt, daß sie nicht gegen den in der Verfassung gewährleisteten ethischen Minimalkonsens, also gegen das Unabstimmbare, verstoßen dürfen.

Können diese Grundsätze – das ist meine Frage – gleichermaßen gelten bei Entscheidungen, die – wie der Gebrauch von Massenvernichtungsmitteln – von extremer ethischer Relevanz sind? Was bedeutet es hier, daß sich Ethik und Recht nicht mehr voll decken, daß also das Verhalten sich nach Überzeugung großer Bevölkerungsteile dem Grenzbereich des Naturunrechts annähert (im kirchlichen Bereich spricht man vom status confessionis), daß es aber gleichwohl weiterhin als abstimmbarer Gegenstand für rechtswirksame Mehrheitsentscheidungen angesehen wird, weil insoweit die Verfassung schweigt oder jedenfalls keine klaren Verbote enthält? Was muß sich hier eigentlich ändern, die Ethik oder das geltende Recht? Drängt sich nicht auch im Bereich des Rechts die in Wissenschaft und Technik längst vertraute Forderung auf, daß nicht alles Machbare erlaubt ist? Anders gefragt: Ist eigentlich zwischen Bürger und Staat ein contrat social denkbar, der den zur Herrschaft auf Zeit berufenen Mehrheitsorganen totale Entscheidungsbefugnis überall dort einräumt, wo die Verfassung keine deutlichen Verbote errichtet? Haben wir nicht gelernt, daß der Staat immer nur einen begrenzten Auftrag und keine Allzuständigkeit hat?

Zweitens: Diese Frage leitet über zu einem weiteren Charakteristikum der von mir gemeinten Grenzfälle: Mehrheitsentscheidungen sind auch für die überstimmten Andersdenkenden in aller Regel deshalb tragbar und zumutbar, weil sie im Falle eines Mehrheitswechsels wieder geändert werden können. Das dürfte einer der tieferen Gründe für ihre Verbindlichkeit in der Demokratie sein. Wie aber, wenn es sich nicht nur um ethisch umstrittene, sondern zugleich um schwerwiegende Entscheidungen irreversibler Natur handelt, die sich nicht mehr einfach rückgängig machen lassen und die – wenn sie falsch sind – von verheerenden Folgen auch für die Minderheiten und sogar für künftige Generationen sind? Nötigen nicht hier die Folgen und die Irreversibilität dazu, der Minderheit zum Ausgleich einen größeren Einfluß auf die Willensbildung einzuräumen als bei sonstigen Entscheidungen? Immerhin garantiert das geltende Recht bei der Errichtung gefährlicher Industrieanlagen den betroffenen Anliegern Mitwirkungsrechte am Genehmigungsverfahren. Kann es dann richtig sein, daß bei politischen Entscheidungen von weitaus größerer Tragweite kurzerhand auf das Repräsentativprinzip verwiesen und über die Köpfe der mitbetroffenen Minderheiten hinweg entschieden wird? Das muß doch gefährliche Ohnmachterfahrungen, tief sitzende Ängste und Staatsverdrossenheit erzeugen.

Ich habe noch keine klaren Vorstellungen, wie sich hier verbesserte Entscheidungsverfahren finden lassen, und wäre schon dankbar, wenn wenigstens die Fragen verstanden und als berechtigt anerkannt würden. Ich gehe davon aus, daß auch in den hier genannten Grenzfällen die Mehrheit entscheidungsbefugt bleibt, solange nicht der Entscheidungsgegenstand im Wege der Verfassungsänderung in den Bereich des Unabstimmbaren verlagert wird, daß aber das Verfahren für die Willensbildung *vor* der Entscheidung zu verbessern ist. Dafür kommt ein Bündel von Maßnahmen in Betracht: Unverzichtbar ist zunächst ein pfleglicher Umgang mit dem Demonstrationsrecht, das nicht nur ein wesentliches Grundrecht im Interesse Andersdenkender ist, dem vielmehr gerade in unserem Zusammenhang eine fundamentale staatspolitische Bedeutung zum Ausgleich fehlender plebiszitärer Mitwirkungsrechte zukommt. Ferner steht die Mehrheit – wie das Bundesverfassungsgericht bereits im KPD-Urteil angedeutet hat – unter einer permanenten Rechtfertigungspflicht, die bei der Nachrüstung eine plausible Erklärung dafür einschließt, weshalb nicht zu weniger gefährlichen alternativen Sicherheitskonzeptionen übergegangen wird oder weshalb Abrüstungsvorschläge der Gegenseite wirklich unannehmbar sind; dazu gehört auch ein argumentatives Eingehen auf Großdemonstrationen, statt sie arrogant als Druck der Straße abzuqualifizieren. Zu denken ist ferner an eine konsultative Volksbefragung, etwa in der Ausgestaltung eines parlamentarischen Minderheitenrechts, das der Minderheit faire und akzeptable Frageformulierungen ermöglicht; dabei könnte wichtiger noch als das unverbindliche Ergebnis die vorangegangene beiderseitige Überzeugungsarbeit sein, die man nicht vorschnell als Demagogie abtun sollte. Schließlich müßte gerade in den von mir gemeinten Grenzfällen bei der endgültigen Entscheidung der Gesetzesvorbehalt eingreifen, der das Parlament nach der neueren verfassungsgerichtlichen Rechtsprechung dazu nötigt, die wesentlichen Entscheidungen in grundrechtsrelevanten Bereichen im Rahmen eines öffentlichen und förmlichen Willensbildungsprozesses selbst zu verantworten; dabei läge es gerade hier nahe, auf Fraktionszwang zu verzichten. Nebenbei: Im Blick auf die Nachrüstung könnte die Respektierung des Gesetzesvorbehalts den derzeit fehlenden Druck zu ernsthaften Verhandlungen in Genf ausüben; sie unterbräche jedenfalls die unheilvolle Automatik zwischen Scheitern der Verhandlungen und alsbaldiger Stationierung.

Sollte sich ergeben, daß eine hinreichend breite Akzeptanz nicht erreichbar ist, könnte es in den hier gemeinten seltenen Grenzfällen ein Akt der politischen Weisheit sein, auf die Entscheidung vorläufig zu verzichten. Sagen Sie bitte nicht zu rasch, ein solcher Gedanke sei abwegig. Wirklich zwingend notwendige Entscheidungen lassen sich auch so plausibel begründen, daß sie selbst dann hinreichend akzeptiert werden, wenn sie uns Opfer abverlangen. Im Blick auf die Nachrüstung hat bislang noch niemand zwingend nachgewiesen, daß sie unbedingt jetzt und so erfolgen muß und daß nicht einmal ein Moratorium vertretbar wäre. Ich darf in diesem Zusammenhang erinnern an die Mülheim-Kärlich-Entscheidung des Bundesverfassungsgerichts, in der auf die verfassungsrechtlichen Bedenken gegen die wirtschaftliche Nutzung der Atomspaltung eingegangen wird: »Diese werden letztlich mit dem Zweifel begründet, ob eine Technik, die keine Fehler erlaubt, ohne daß außerordentliche Risiken auch für künftige Generationen entstehen, überhaupt verantwortet werden kann und gegen den Widerspruch potentiell Betroffener angewendet werden darf, solange nicht alle anderen Möglichkeiten der Energieversorgung ausgeschöpft sind« (BVerfGE 53, 30 [55 f.]).

Drittens: Im Zusammenhang mit der Nachrüstung wird noch eine dritte Besonderheit erkennbar, deren rechtliche Relevanz oft übersehen wird, die aber zumindest die erwähnten Ohnmachtsgefühle noch verstärkt und einer Akzeptanz entgegensteht. Es gehört zum Grundverständnis der repräsentativen Demokratie, daß die Entscheidungen nach einem öffentlichen Willensbildungsprozeß von den gewählten Staatsorganen getroffen und gegenüber den Wählern verantwortet werden. Über die Nachrüstung hingegen, also ausgerechnet über eine Frage von fundamentaler ethischer Relevanz mit weitgehend irreversiblen Folgen, wird in Genf von anderen verhandelt und unter bevorzugter Berücksichtigung von Supermachtinteressen entschieden. Es kommt hinzu, daß die Ausführung der Entscheidungen zunehmend der Eigengesetzlichkeit eines immer perfekteren und zugleich immer instabileren militärischen Apparats überlassen wird, der sich verantwortlichen politischen Entscheidungen entzieht. Ich erinnere an das eindrucksvolle Referat von Willy Brandt auf dem Kirchentag über die Ohnmacht der Mächtigen. Was eigentlich ist an einem solchen Verfahren demokratisch? Ist es wirklich geeignet und für Andersdenkende zumutbar?

Damit darf ich meine grüblerischen Fragen abbrechen. Sie sind für uns Juristen neuartig und gewiß schwer zu beantworten. Es könnte immerhin sein, daß ihre unzureichende Beantwortung der eigentliche Grund dafür ist, daß uns die ebenfalls fremdartige Problematik des zivilen Ungehorsams auf den Leib rückt. Ich bin an ihrer Beantwortung gerade deshalb interessiert, weil ich viel von der friedensstiftenden Funktion des Rechts halte. Wie aber können wir junge Menschen dazu gewinnen, Konflikte mit den Mitteln des Rechts auszutragen, wenn wir zugeben müßten, daß unsere Rechtsordnung zur Bewältigung besonders schwerwiegender Konflikte kein ausreichendes Instrumentarium bereithält?

Wolfgang Huber
Die Grenzen des Staats und die Pflicht zum Ungehorsam

I

Seit es politische Ethik gibt, arbeitet sie mit der fundamentalen Unterscheidung zwischen dem, was als Aufgabe der politischen Gemeinschaft anzuerkennen ist, und dem, was ihrer Verfügungsgewalt entzogen bleiben muß. Die Anerkennung der Aufgaben der politischen Gewalt und die Feststellung ihrer Grenzen sind in der politischen Ethik gleichursprünglich. Die Einsicht, daß um des gemeinsamen Lebens willen politische Herrschaft nötig ist, trägt die Folgerung in sich, daß politische Herrschaft nur als begrenzte ihre Aufgaben erfüllt. In diesem Fluchtpunkt trifft sich die politische Ethik, die auf die Griechen zurückgeht, mit der christlichen Tradition.

Der unausweichliche Konflikt des einzelnen mit einer politischen Gewalt, die ihre Grenzen überschreitet, begegnet in der griechischen Tradition exemplarisch in der Gestalt der Antigone, die dem Gesetz des Kreon die ungeschriebenen Satzungen des Himmels entgegenstellt und ihren Bruder unter Einsatz ihres Lebens bestattet. Platons Apologie gibt dieser Differenz einen zugespitzten Ausdruck; Sokrates hält seinen Richtern entgegen: »Ich werde dem Gott mehr gehorchen als euch.«[1]

Hier schon markiert der Gottesbegriff die Grenze, innerhalb deren die Loyalität gegenüber der politischen Gewalt allein einen verantwortbaren Sinn hat.

Was bei Sokrates die Form einer persönlichen Aussage hat, wird im Neuen Testament in die Gestalt einer allgemeinen Regel gekleidet. Die clausula Petri formuliert als allgemeinen

Satz, nicht etwa nur als persönliches Bekenntnis: »Man muß Gott mehr gehorchen als den Menschen.«[2] Damit bringt sie dieselbe Grenzbestimmung zum Ausdruck, die auch in dem berühmten Zinsgroschenwort Jesu begegnet: »Gebt dem Kaiser, was des Kaisers ist, und Gott, was Gottes ist.«[3]

Das Neue Testament ist nicht deshalb ein so aufregendes Buch, weil es der Entmythologisierung bedarf, sondern weil es selbst eine große Entmythologisierung vollzieht: so auch die Entmythologisierung irdischer Herrschaft und ihrer ideologischen Verbrämung. In dieser Entmythologisierung besteht eine wichtige politische Wirkung der Bergpredigt: Der Fixierung auf Feindschaft stellt sie die Einladung zur Feindesliebe, der Fixierung auf Gewalt die Einladung zum Gewaltverzicht, der Fixierung auf Sicherheit das Lob des ungesicherten Lebens entgegen. In einer Zeit, in der politischer Herrschaft religiöse Qualität zuerkannt und der römische Kaiser als Gott verehrt wurde, waren das revolutionäre Töne. Die Beseitigung politischer Herrschaft ergab sich aus ihnen nicht, wohl aber ein unüberhörbarer Hinweis auf deren begrenzte Aufgaben: auf die Aufgabe vor allem, das Böse in Schranken zu halten. Nur von dieser begrenzten Aufgabe redet auch das 13. Kapitel des Römerbriefs.

Dieses Kapitel wurde in der Geschichte des Christentums häufig, ja allzu häufig nur als allgemeine Aufforderung zum Gehorsam gegenüber jeder politischen Obrigkeit verstanden. Trotzdem blieb die Erinnerung erhalten, daß der staatlichen Macht Grenzen gesetzt sind, deren Überschreitung eine Pflicht zum Ungehorsam auslöst.

Auch eine so konsequent am Gedanken der Ordnung orientierte Theologie wie das große Werk des Thomas von Aquin enthält diese Einsicht: »Der Mensch braucht menschlichen Machthabern nur soweit zu folgen, als es die Ordnung der Gerechtigkeit fordert. Wenn sie deswegen keine rechtmäßige, sondern nur eine angemaßte Gewalt besitzen oder wenn sie Ungerechtes befehlen, dann sind die Untertanen nicht verpflichtet, ihnen zu gehorchen, es sei denn vielleicht zufällig, um Ärgernis oder eine Gefahr zu vermeiden.«[4] Bemerkenswert ist dieser Satz unter anderem deshalb, weil er zwei Anlässe des Ungehorsams voneinander unterscheidet: nämlich den Fall der unrechtmäßigen, angemaßten Gewalt, also der illigetima potestas einerseits, und den Fall eines rechtswidrigen Befehls einer an sich legitimen Obrigkeit andererseits. Schon Thomas von Aquin unterscheidet also der Sache nach zwischen dem Widerstand im strikten Sinn, der sich gegen eine tyrannische Herrschaft als solche richtet, und dem Widerstehen gegen illegitime Einzelmaßnahmen, das wir heute als Weigerung aus Gewissensgründen einerseits, als zivilen Ungehorsam andererseits bezeichnen.

Martin Luther, der bis heute als Vertreter eines typisch deutschen und das heißt sehr gründlichen Obrigkeitsgehorsams gilt, hat in Wahrheit an diese Tradition angeknüpft. Er bereits hat die staatliche Gewalt an elementare Grundrechte gebunden gesehen und ihr den Respekt vor der Glaubens- und Gewissensfreiheit abverlangt. Wo sie diese Grenzen überschreitet, ist die Verweigerung des Gehorsams am Platz. Um Ungehorsam im strengen Sinn handelt es sich dabei jedoch nicht. Denn: »es ist nicht Aufruhr oder Ungehorsam, wenn ich in jenen Dingen nicht gehorche, über welche dem Kaiser kein Recht zusteht.«[5] Eines der konkreten Beispiele Luthers ist die Weigerung gegenüber dem staatlichen Befehl, reformatorische Schriften auszuliefern. Diese Weigerung ist, um einen modernen Begriff aufzunehmen, nur ein »prima-facie-Ungehorsam«, der durch die unaufhebbare Freiheit des Gewissens gedeckt ist. Ein anderes Beispiel ist die Pflicht, die Gefolgschaft in einem ungerechten Krieg zu verweigern. In der *Warnung an seine lieben Deutschen* fordert Luther die christlichen Soldaten für den Fall eines Kriegs der Kaiserlichen gegen die Evangelischen auf, den Kaiser auf dem Feld allein stehen zu lassen und keine Hand für ihn zu rühren. Der Satz »Stell dir vor, es ist Krieg, und keiner geht hin«

kann in diesem Sinn als ein Satz reformatorischer Ethik gelten. Im Luthertum des landesherrlichen Kirchenregiments freilich wurde diese Linie im Denken des Reformators unterdrückt. Deutlicher blieb in der calvinistischen Tradition das Bewußtsein erhalten, daß der Widerstand gegen den Tyrannen ein gutes, dem Dekalog entsprechendes Werk und deshalb sittliche Pflicht des Christen ist.

Gewiß: in der Geschichte des Christentums ist die Anpassung wirkungsmächtiger als die Kritik; über die kirchliche Erziehung zum Gehorsam läßt sich mehr berichten als über die Bereitschaft zum Widerstand. Doch das hat seinen Grund nicht in der theologischen Lehre, sondern in den Bestandsinteressen der Kirche als Organisation. Und vollständig unterdrücken ließ sich die normativ-kritische Linie nie, die in der clausula Petri ihren zusammenfassenden Ausdruck und ihren immer wieder erneuerten Anknüpfungspunkt hat. Deshalb ist es nicht ohne Zusammenhang mit der christlichen Tradition, wenn auch in der neuzeitlichen politischen Theorie die Verantwortung des Bürgers immer unter einer doppelten Perspektive betrachtet wird: als Pflicht zum Gehorsam gegenüber dem Rechtsgesetz einerseits; andererseits aber als die Pflicht zur selbständigen Prüfung des Gesetzes und gegebenenfalls zur Resistenz gegen Maßnahmen, die nicht als allgemeines Gesetz gelten können. Diese doppelte Bestimmung politischer Verantwortung ist eine notwendige Folge aus dem Begriff der Aufklärung, wie etwa Kant ihn formulierte. Anselm Feuerbach hat aus dieser doppelten Bestimmung politischer Verantwortung ein Zwangsrecht der Bürger gegen den Oberherrn abgeleitet, wenn dieser die Grenzen der höchsten Gewalt überschreitet.[6] Doch praktisch-politisch hat sich dieser Ansatz in Deutschland kaum durchgesetzt; Theorie und Praxis des zivilen Ungehorsams wurden andernorts entwickelt. Man hätte wohl früher damit beginnen müssen, darin ein Defizit der deutschen politischen Kultur zu erkennen.

II

Der staatlichen Gewalt sind Grenzen gesetzt, jenseits deren sie auf Gehorsam keinen Anspruch erheben kann. Darüber, wie diese Grenzen zu definieren sind, ist mit einer solchen These noch nichts gesagt. Diese Grenzen sind immer umstritten; eindeutig wird oft erst im nachhinein festgestellt, daß sie überschritten wurden. Wir Deutschen haben mit solchen nachträglichen Einsichten unsere eigenen Erfahrungen.

Man kann für die Frage nach den Grenzen des Staats nicht einfach auf das individuelle Gewissen verweisen. Zwar stimmt es: ziviler Ungehorsam ist nur aufgrund persönlicher Gewissensentscheidung vertretbar. Doch auch das Gewissen bildet sich in der Kommunikation; auch Gewissensentscheidungen sind Ergebnisse von Verständigungsprozessen, in denen Gründe geltend gemacht werden. Erörtert wird die Frage nach den Grenzen des Staats in der europäischen Tradition über lange Zeiten unter dem Thema des Naturrechts. So abstrakt diese Frage in Philosophie und Theologie oft verhandelt wird – ihre Notwendigkeit entspringt der unmittelbaren politischen Erfahrung: wo Menschen ihres Lebens beraubt oder in ihrer Gewissensfreiheit eingeschnürt werden, wo elementare Gerechtigkeitsstandards mit Füßen getreten werden oder der Staat seine Pflicht zum Frieden verletzt, überall dort geschieht etwas, was durch kein positiviertes Recht gedeckt werden kann. Die Umformung dieser negativen Erfahrungen in positive Rechtsaussagen bleibt indes schwierig und umstritten. Der Vorstellung, sie sei in der Gestalt zeitloser naturrechtlicher Sätze möglich, hängen heute wohl nur noch wenige an. Doch die neuzeitliche politische Entwicklung läßt sich als der Versuch verstehen, Grenzbestimmungen, denen die staatliche Gewalt unterworfen werden muß, selbst zu positivieren. Der neuzeitliche Verfassungsstaat kann als der Versuch verstanden werden, die

Grenzen des Staats zum Thema des positiven Verfassungsrechts zu machen. Damit hat der Verfassungsstaat sich auf eine Konzeption festgelegt, nach der Recht und Moral nicht beziehungslos nebeneinanderstehen, sondern bei bleibender Unterschiedenheit aufeinander bezogen sind. Die Menschenrechts- und Grundrechtskataloge beschreiben die Grenze, die staatliche Rechtssetzung und Rechtsanwendung beobachten müssen, wenn Recht und Moral nicht zueinander in Widerspruch treten sollen. Mit ihrem Verweis auf die Würde des Menschen stellen sie klar, daß kein Staat den Anspruch darauf erheben darf, selbst zu definieren, was den Menschen zum Menschen macht; Glaubens- und Gewissensfreiheit, Meinungs- und Versammlungsfreiheit sind daraus die notwendige Konsequenz. Mit der Anerkennung des Rechts auf Leben und körperliche Unversehrtheit verpflichten sie den Staat darauf, alle Schädigung menschlichen Lebens zu unterlassen und sein Handeln an der Aufgabe der Lebenserhaltung auszurichten. Die Orientierung an den Grenzen des Staats trägt also ihrerseits dazu bei, die Aufgaben des Staats präziser zu erfassen. Und aus ihr ergeben sich deshalb auch die Grundbestimmungen der staatlichen Verfassung selbst. Im Sinn des Bonner Grundgesetzes kann man die Folgen, die sich aus der Begründung der Staatsverfassung in den Menschenrechten ergeben, an vier Begriffen verdeutlichen: Demokratie, Rechtsstaatlichkeit, Sozialstaatlichkeit und Friedensstaatlichkeit.

Das Gebot der Friedensstaatlichkeit ist der sachliche Grund dafür, warum das Bonner Grundgesetz sowohl die staatliche Gewalt als auch den einzelnen Bürger nicht nur an die Grundrechte, sondern auch an die allgemeinen Grundsätze des Völkerrechts bindet (Art. 25 GG). Diese verfassungsrechtliche Verpflichtung ist für kaum ein Thema von höherer Bedeutung als für die Auseinandersetzung über vertretbare und unvertretbare Wege militärischer Sicherheitspolitik. Das Völkerrecht hat den Versuch unternommen, die militärische Gewaltanwendung zwischen Staaten, wo sie als unausweichlich erscheint, an menschenrechtliche Minimalstandards zu binden. Zu diesen Minimalstandards gehört die Unterscheidung zwischen militärischen Zielen und Kombattanten, die »Objekt von Schädigungshandlungen« sein dürfen, und zivilen Objekten und Zivilpersonen, die rechtlich geschützt sind. Der Widerspruch zwischen diesem völkerrechtlichen Grundsatz und den in Ost und West herrschenden Verteidigungsdoktrinen ist offenkundig. Denn der Einsatz nuklearer Massenvernichtungsmittel wäre mit diesem Grundsatz unvereinbar; nicht nur auf deren Einsatz, sondern sogar auf deren Ersteinsatz beruht aber die Strategie der NATO. Statt sich einfach an diesen völkerrechtswidrigen Zustand zu gewöhnen, muß man sich klarmachen: Verantwortlich für einen derartigen Völkerrechtsbruch wäre nicht nur der Staat, in dessen Verfügungsgewalt solche Waffen stehen – also etwa die USA –, sondern auch der Staat, von dessen Boden aus solche Waffen eingesetzt werden – also etwa die Bundesrepublik Deutschland, insbesondere wenn sie zum Stationierungsland von Pershing II und Cruise Missiles wird. Hat man sich dieses verdeutlicht, so gewinnt die Mitwirkung jeder Regierung an den Stationierungsentscheidungen über Nuklearwaffen oder andere Massenvernichtungsmittel noch einmal zusätzliches Gewicht. Nimmt man diese völkerrechtliche Überlegung ernst, so heißt die Konsequenz: keine Zustimmung der Bundesregierung zur Stationierung neuer Mittelstreckenraketen auf dem Gebiet der Bundesrepublik Deutschland.[7] Die Folgerung für den Bürger, der sich durch Art. 25 GG unmittelbar an die Grundsätze des Völkerrechts gebunden weiß, wird im Fall einer solchen Zustimmung nur darin bestehen können, daß er deren Vollzug aufzuhalten sucht und auf die Revision dieser Entscheidung drängt. Gewiß: dieser Gegensatz zwischen Militärstrategie und Völkerrecht ist nicht einfach ein Problem der deutschen Politik, sondern ein Kennzeichen der gesamten internationalen Situation, der waffentechnischen und strategischen Entwicklung, auch der derzeit offenkundigen amerikanischen Politik, die die Abschreckung durch die Entwicklung nuklearer Kriegsführungsoptionen zu sichern versucht. Aber jede Regierung, auch die deutsche, ist im Rahmen ihrer Verantwortung zur Entschärfung dieses Konflikts verpflichtet. Die Stationierung von Nuklearwaffen auf deutschem Boden gehört in die Verantwortung der deutschen Regierung.

Man kann den Konflikt zwischen völkerrechtlichen Normen und politischem Handeln, der an dieser Frage aufbricht, nur scheinbar dadurch entschärfen, daß man zwischen der Drohung mit Massenvernichtungsmitteln und deren Einsatz unterscheidet. Denn eine Drohung ist nur glaubwürdig, wenn man auch einzusetzen bereit ist, womit man droht. Wer droht, muß die Verantwortbarkeit der Handlung prüfen, mit der er droht. Man kann sich dem Dilemma der Atomwaffen nicht dadurch entwinden, daß man erklärt, hier handele es sich »eigentlich« nicht um militärische, sondern um politische Waffen. Jene Trennung wäre ethisch und rechtlich vielmehr allenfalls dann zu vertreten, wenn man mit Sicherheit verbürgen könnte, daß die Drohung den Einsatz ausschließt, daß also das System der Abschreckung auf Dauer ein zuverlässiges Instrument der Kriegsverhütung ist. Daß dies unmöglich ist, weiß jeder; auch Militärexperten geben zu, daß das Abschreckungssystem allenfalls auf Zeit funktioniert – wie lange, weiß niemand. Daß es versagt, wird durch die nächsten Schritte des Wettrüstens noch wahrscheinlicher. Doch unabhängig davon, für wie hoch man diese Wahrscheinlichkeit hält, muß man die These vom nicht militärischen, sondern »nur« politischen Charakter der Atomwaffen für eine Irreführung halten; nicht nur ihr Einsatz, sondern auch die Drohung mit ihnen kann ethisch und völkerrechtlich nicht legitimiert werden. Das ist der Hintergrund für die Erklärung, mit der der Ökumenische Rat der

Kirchen bei seiner Vollversammlung in Vancouver (August 1983) Aufsehen erregt hat: »Das Konzept der Abschrekkung, dessen Glaubwürdigkeit von dem möglichen Einsatz von Atomwaffen abhängt, ist aus moralischen Gründen abzulehnen; [abzulehnen ist es auch], weil es ungeeignet dazu ist, Frieden und Sicherheit langfristig zu wahren; die Herstellung und Stationierung von Kernwaffen sowie deren Einsatz sind ein Verbrechen gegen die Menschheit, deshalb sollten die Herstellung von Kernwaffen sowie die Rüstungsforschung und -entwicklung in allen Ländern vollkommen eingestellt und dieser Stopp so bald als möglich durch ein Abkommen durchgesetzt werden.«[8] Die Schärfe, mit der hier die Lebensfeindlichkeit der Rüstung mit Massenvernichtungsmitteln gebrandmarkt wird, erscheint als schockierend; und bedrückend ist der tiefe Graben, der die vom Ökumenischen Rat der Kirchen erhobenen Forderungen von der heutigen politischen Realität trennt. Wer den Widerspruch zwischen der herrschenden Form militärischer Sicherheitspolitik und elementaren völkerrechtlichen Standards mit solcher Massivität wahrnimmt, muß in der Weiterrüstung mit Massenvernichtungsmitteln eine Handlungsweise sehen, mit der der Staat die ihm gesetzten Grenzen überschreitet.

Ich habe bisher erläutert, inwiefern die Menschenrechte und Grundrechte einerseits, die elementaren Grundsätze des Völkerrechts andererseits Grenzen des Staates markieren, jenseits deren die Pflicht zur Loyalität gegenüber staatlichen Entscheidungen ein Ende findet. Ein weiterer und in unserer heutigen Situation entscheidender Gesichtspunkt tritt hinzu: Der Staat überschreitet die ihm gesetzte Grenze, wenn er Entscheidungen zuläßt oder trifft, in deren Folge irreversible Eingriffe in die Lebensmöglichkeiten künftiger Generationen vorgenommen und deren Lebenschancen in unaufhebbarer Weise beeinträchtigt werden. Großtechnische Anlagen im Bereich der Kernenergie, die Ausbeutung der natürlichen

Ressourcen durch industrielle Vernutzung, die Zerstörung der Biosphäre durch Umweltschäden und schließlich die Aufhäufung militärischer Vernichtungspotentiale in für frühere Generationen unvorstellbarem Ausmaß sind die deutlichsten Beispiele für diesen Typ von Entscheidungen. Ihnen gegenüber muß aber gelten: Das Interesse der jetzt lebenden Generationen an der Steigerung ihrer Lebensbedingungen kann keine Rechtfertigung dafür abgeben, die Lebenschancen künftiger Generationen zu mindern. Deshalb muß auch und gerade in staatlichen Entscheidungen dem ökologischen Erhaltungsinteresse der Vorrang vor dem ökonomischen Steigerungsinteresse zuerkannt werden. Wo dieser Vorrang verletzt wird, kann der Beitrag der politischen Ethik nicht in Vorschlägen bestehen, wie man die Entscheidungsverfahren verbessern und die Akzeptanzchancen für derartige Entscheidungen erhöhen kann. Aufgabe der politischen Ethik wird es vielmehr sein, auf die Grenzen des Staats hinzuweisen und dafür einzutreten, daß derartige Entscheidungen zugleich unmöglich und unnötig werden.

Wenn also mit guten Gründen behauptet werden kann, daß durch staatliche Entscheidungen schwere Gefahren für künftiges Leben heraufbeschworen werden, wenn nicht eindeutig nachgewiesen werden kann, daß diese staatlichen Maßnahmen unumgänglich sind, um weit größere Gefahren zu vermeiden, und wenn die Opposition dagegen anders kein angemessenes Gehör findet, dann ist ziviler Ungehorsam gegenüber solchen Entscheidungen ethisch berechtigt. Denn wo immer mit einer Entscheidung die Gefahr schwerer Lebensschädigung verbunden ist, muß die alte moraltheologische Regel gelten, eine Handlung sei dann unerlaubt, wenn ein gewichtiges und unwiderlegtes Argument gegen seine Erlaubtheit spricht (die These des sogenannten »Tutiorismus«).[9] Die Frage nach den Grenzen der Loyalität gegenüber staatlichen Entscheidungen stellt sich also nicht nur bei direkten und beharrlichen Eingriffen in die Menschenrechte der jetzt lebenden Generation, wie der Rassendiskriminierung in der südafrikanischen Apartheidspolitik oder der Verletzung der Glaubens- und Meinungsfreiheit durch die Regierung der Sowjetunion; sondern diese Frage stellt sich in anderer Form auch, wenn ein Staat, gleichgültig gegenüber den widersprechenden Argumenten, Maßnahmen ergreift, durch die künftiges Leben schweren oder gar unabsehbaren Gefahren ausgesetzt wird. Die Aufkündigung der Loyalität gegenüber solchen Entscheidungen geschieht dann aber gerade auf der Grundlage der bleibenden Loyalität gegenüber dem Staat, dem politisch verfaßten Gemeinwesen selbst; denn die Erhaltung dieses Gemeinwesens ist das Ziel des Protests gegenüber Entscheidungen, deren Vollzug das Überleben bedroht. In solchen Fällen kann also in der Tat, wie Erich Küchenhoff formuliert hat, ziviler Ungehorsam eine Form des aktiven Verfassungsschutzes sein.[10]

III

Eine politische Ethik, die die jüdisch-christliche Tradition nicht verdrängt, kann die Frage nach den Aufgaben des Staates und nach seiner politischen Form von der Frage nach seinen Grenzen nicht trennen. Unter den Bedingungen der Neuzeit gerät sie in einen unausweichlichen Konflikt mit dem hobbesianischen Typ politischer Ethik, der die Frage nach den Grenzen des Staates gerade nicht mehr aufkommen läßt. Hobbes hat, nicht zuletzt unter dem Eindruck, daß Menschen sich aus Gründen der religiösen Überzeugung bis aufs Blut bekriegen können, die These von der ungeselligen Grundverfassung des Menschen entwickelt, der nur mit einer äußerlichen Zwangsordnung gewehrt werden kann. Um diese gegen den kritischen Aufruhr des individuellen Gewissens zu immunisieren, mußte er die Möglichkeit ausschalten, daß der Gottesgehorsam gegen den dem Staat geschuldeten

Gehorsam ausgespielt wurde. Das gelang ihm mit der These, im christlichen Staat könne zwischen beidem nie ein Konflikt entstehen; die clausula Petri sei in ihm gegenstandslos. Dabei definierte er den christlichen Staat als den Staat, der die Predigt der christlichen Fundamentallehren zuläßt; sie reduzieren sich für Hobbes auf den einen Satz: »Jesus der Christus.« In diesem unexplizierten Bekenntnis als solchem freilich kann nie ein Anhalt dafür gefunden werden, daß der einzelne seine Gewissensbindung gegen die staatliche Autorität zur Geltung bringt. Die Folgerung heißt: »Eine Schwierigkeit, Gott und den Menschen zu gehorchen, ist in einem christlichen Staat gar nicht vorhanden.«[11] Durchhalten läßt sich diese These freilich nur auf der Grundlage einer konsequenten Verstaatlichung des Gewissens; als Grundübel muß die Meinung gelten, daß jeder einzelne zum Urteil über Gut und Böse berechtigt sei. Dem hält Hobbes entgegen: »Das Gesetz ist das öffentliche Gewissen.«[12] In der Konsequenz dieser Argumentation liegt es, daß die Gehorsamsforderung des Staates ausschließlich in der Legalität des Gesetzes begründet ist; die Spannung zwischen Legalität und Legitimität – das Grundthema der alten naturrechtlichen wie der neueren menschenrechtlichen Tradition – wird auf diese Weise eliminiert.

Wie an manchem anderen, so kann man auch an diesem Thema den Hobbesianismus einer heute verbreiteten politischen Denkweise studieren. Er zeigt sich darin, daß gerade in den großen politischen Konfliktfragen der Hinweis auf die Legalität des Verfahrens an die Stelle einer inhaltlichen Legitimation rückt. Das Faktum einer Mehrheitsentscheidung soll – in grotesken Fällen wie dem der »Nachrüstung« oder der Frankfurter Startbahn West sogar dann, wenn es eine solche Mehrheitsentscheidung in der Form des Gesetzes gar nicht gibt – den inhaltlichen Zweifel an der Legitimität dieser Entscheidung ausräumen. Dabei wird freilich verkannt, daß das Verfahren der demokratischen Mehrheitsentscheidung ursprünglich seine Plausibilität von daher bezog, daß man dem öffentlichen Diskurs das Zutrauen entgegenbrachte, aus ihm werde sich die jeweils bestmögliche Entscheidung ergeben. Das demokratische Verfahren ist also von seinem Ursprung her ein Verfahren zur Ermittlung und Vermittlung inhaltlicher Legitimität. Nun dagegen soll die Berufung auf dieses Verfahren dazu dienen, Entscheidungen, die häufig allein macht- und interessenpolitisch durchgesetzt sind, gegen die Rückfrage nach ihrer Legitimität zu immunisieren. Zugleich und in unlöslichem Zusammenhang damit wird der Vorrang der Grundrechte vor den Verfahrensregeln der Verfassung eingeebnet; die Grundrechte werden damit im Ergebnis staatlich funktionalisiert. Für die einschlägig geschärften Ohren des Theologen jedenfalls ist es schon ein verräterisches Indiz, wenn er Verfassungsrechtler über die »Heiligkeit« des Verfahrens in der Demokratie reden hört. Ein alter römischer Satz hat bei modernen Demokratietheoretikern offenbar die Fassung erhalten: »Fiat procedura, pereat mundus.« So heißt es in einem bemerkenswerten Kommentar von Trutz Rendtorff, es sei höchste Zeit, »daß die scheinbar bloß formalen Regeln der Konsensbildung, der Mehrheitsfindung und der Gewaltenteilung in ihrem substantiellen Gehalt als gleichrangig mit den wechselnden politischen ›Schicksalsfragen‹ erkannt und anerkannt werden«.[13] Damit wird nun in der Tat die Pointe des neuzeitlichen Verfassungsstaats hobbesianisch auf den Kopf gestellt. Denn in ihm sind die Verfahren gerade deshalb, aber auch nur deshalb ein so hohes Gut, weil sie dem Schutz der Menschenrechte und der Gewährleistung des inneren wie äußeren Friedens dienen sollen. Ihre Würde ergibt sich gerade aus ihrer funktionalen Zuordnung zu dem, was Rendtorff als wechselnde politische »Schicksalsfragen« ironisiert. Das aber bedeutet zugleich: wenn es um den Schutz menschlichen Lebens und menschlicher Würde, um die Bewahrung des Friedens und um die Erhaltung menschenwürdiger Lebensbedingungen für künftige Generationen geht, kann niemand sein Gewissen mit der Auskunft salvieren, die von ihm mit guten Gründen für verhängnisvoll gehaltene Entscheidung sei rechtens zustandegekommen. Je bedrängender die Überlebensprobleme werden, desto dringlicher wird auch der Abschied von Thomas Hobbes.

IV

Meine bisherigen Überlegungen, dessen bin ich mir bewußt, enthalten einen Protest gegen die Entzweiung von Recht und Moral, von Politik und Religion, die unser öffentliches Bewußtsein weithin prägt. Martin Buber hat diese Entzweiung schon 1930 in seinen Notizen zu Gandhi sarkastisch kommentiert: »Man höre nur, wie der Politiker das Wort ›Ethik‹ und wie der Theologe das Wort ›Aktion‹ ausspricht. Die Politik ist unverklärt, aber mächtig; die Religion (im weitesten Sinn, also der Überbau der geheiligten ›Werte‹) ist Gegenstand abgestufter Weihegefühle, aber unverbindlich.«[14]

Besonders nachdrücklich hat Helmut Schmidt diese Entzweiung reaktiviert, indem er Max Webers Unterscheidung von Gesinnungs- und Verantwortungsethik in ihrem Sinn interpretierte. Manche Politiker der CDU/CSU sind ihm hierin gefolgt – wohl ohne zu merken, daß sie damit dem Namen ihrer Partei jede Berechtigung entzogen. Daß Max Weber mit dieser Weise der Zitation grobes Unrecht zugefügt wird, will ich nur am Rand vermerken; denn gegen den Irrtum, daß er Gesinnungsethik mit Verantwortungslosigkeit und Verantwortungsethik mit Gesinnungslosigkeit gleichsetze, hat er sich ausdrücklich, wenn auch erfolglos zur Wehr gesetzt.[15] Nun verwahren sich zwar Politiker, die sich selbst für Verantwortungsethiker halten, natürlich ausdrücklich und wohl mit Recht gegen den Vorwurf der Gesinnungslosigkeit. Doch um so fester sind sie davon überzeugt, daß die von ihnen als Gesinnungsethiker Apostrophierten verantwortungslos seien.

Die Frage nach den Grenzen staatlicher Entscheidungen und der Pflicht zum Ungehorsam muß jedoch jenseits der falschen Alternative von Gesinnungs- und Verantwortungsethik erörtert werden. Vielmehr muß jeder, der als Regierender oder als Regierter am Schicksal des politischen Gemeinwesens teilnimmt, sich zwei Fragen zugleich stellen: Er muß nach den Zielen fragen, an denen politisches Handeln sich zu orientieren hat (das ist die Frage der Weberschen »Gesinnungsethik«); und er muß sich fragen, ob die eingesetzten Mittel angesichts dieser Ziele in ihren Folgen verantwortet werden können (das ist die Frage der Weberschen »Verantwortungsethik«). Für die Praxis des zivilen Ungehorsams hat die Verbindung beider Fragen, wenn ich recht sehe, einschneidende Folgen:

Erstens: Ziviler Ungehorsam wird mißbraucht, wenn er zum Mittel der Selbstdarstellung gemacht wird. Die Absicht, die Reinheit des eigenen Gewissens und der eigenen Gesinnung darzustellen, steht zum Wesen des zivilen Ungehorsams in einem unaufhebbaren Widerspruch.

Zweitens: Die Entscheidung zum zivilen Ungehorsam kann sich niemand leicht machen. Denn sie ist in jedem Fall eine Belastungsprobe der Rechtsgemeinschaft mit manchmal ungewissem Ausgang. Die Erhaltung des politischen Gemeinwesens, damit aber auch der Rechtsgemeinschaft, muß indes geradezu als Ziel des zivilen Ungehorsams angesehen werden. Wer ihn mit einer Romantik der Illegalität umgibt, raubt ihm die Glaubwürdigkeit. Ziviler Ungehorsam ist auf die Wiederherstellung der staatlichen Rechts- und Friedensfunktion gerichtet; er muß deshalb der Legalität gegenüber alles andere als gleichgültig sein. Die Mittel der gezielten Regelverletzung können für ihn nur dann in Frage kommen, wenn sich andere Formen des politischen Protests und der Demonstration als nicht ausreichend erwiesen haben.

Drittens: Ziviler Ungehorsam ist auf Überzeugung, nicht auf Überwältigung aus. Schon deshalb muß er auf jede Form der gewaltsamen Schädigung des andern verzichten. Der zivile Ungehorsam ist eine dramatische Form, um eine unterdrückte Frage des politischen Zusammenlebens unüberhörbar zu machen und so einer Lösung zuzuführen. Henry Thoreaus Themen waren der Eroberungskrieg gegen Mexiko, die Sklaverei in den amerikanischen Südstaaten und die Behandlung der Indianer; Gandhis Thema war die Selbstbestimmung des indischen Volkes gegenüber der englischen Kolonialmacht; Martin Luther Kings Thema waren die Bürgerrechte der Schwarzen. Unser heutiges Thema ist die Einsicht, daß nicht ein waffentechnisches Ungleichgewicht, sondern der Rüstungswettlauf als solcher weite Teile der Welt und jedenfalls Mitteleuropa dem Untergang näherbringt.

Viertens: Aus all diesen Gründen kann von zivilem Ungehorsam nur so lange die Rede sein, so lange er sich auf die Mittel gewaltfreier Aktion beschränkt. Befristete Sitzstreiks und Menschenketten oder psychischer Druck durch Fastenaktionen müssen jedoch als gewaltfreie Aktionsformen anerkannt werden. Auch sie als »Gewalt« zu bezeichnen, ist eine willkürliche Ausdehnung des Gewaltbegriffs und eine unvertretbare Kriminalisierung des zivilen Ungehorsams zugleich. In den siebziger Jahren hat die Friedensforschung, angeregt durch Johan Galtung, eine Ausweitung des Gewaltbegriffs vorgenommen, indem sie auf Phänomene struktureller Gewalt hinwies. Dem wurde mit guten Gründen entgegengehalten, eine solche Entschränkung des Gewaltbegriffs führe in die Nacht, in der alle Katzen grau sind. Es wirkt geradezu gespenstisch, wenn nun eine solche Entgrenzung des Gewaltbegriffs nicht mehr in bezug auf die Ausübung staatlicher Herrschaft, sondern in bezug auf deren Kritik vorgenommen wird. Es bleibt nur zu hoffen, daß die Definitionskompetenz für das, was Gewalt ist, nicht allein im Bundesinnenministerium liegt.

V

In Deutschland ist die Diskussion über das Recht auf zivilen Ungehorsam ausgerechnet in einem Jahr entbrannt, an dessen Beginn die Erinnerung an die nationalsozialistische Machtübernahme stand. Die Gesellschaften für jüdisch-christliche Zusammenarbeit haben vorgeschlagen, diese Erinnerung als Aufforderung zum »Widerstehen zur rechten Zeit« zu begreifen. Auch hohe politische Würdenträger nahmen daran keinen Anstoß. Inzwischen jedoch ist die Erinnerung an diesen Teil der deutschen Vergangenheit in Verruf geraten. Man hat den Vergleich mit dem Jahr 1933 so gedeutet, als werde damit das Staatswesen Bundesrepublik Deutschland mit dem Nazi-Regime auf eine Stufe gestellt. Einer solchen Parallele muß, wo sie auftaucht, widersprochen werden; die Friedensbewegung jedenfalls hat ihren Widerspruch dagegen schon dadurch deutlich gemacht, daß ihre maßgebenden Sprecher die Opposition gegen die eurostrategische Rüstung gerade nicht aus dem Widerstandsrecht des Art. 20, Abs. 4 GG begründen. Nicht der Widerstand gegen ein totalitäres Regime, sondern die Erhaltung des freiheitlichen und demokratischen Rechtsstaats ist ihr Thema. Das aber schließt nicht aus, daß wir heute vor politischen Entscheidungen stehen, die in ihrer Dramatik und in ihrem Gewicht den Entscheidungen des Jahres 1933 durchaus vergleichbar sind. Helmut Schmidt hat eine solche Parallele schon in der großen Atomdebatte des Jahres 1958 gezogen, als er vor dem Deutschen Bundestag erklärte: »Wir sagen dem deutschen Volk in voller, ernster Überzeugung, daß der Entschluß, die beiden Teile unseres Vaterlandes mit atomaren Bomben gegeneinander zu bewaffnen, in der Geschichte einmal als genauso schwerwiegend und verhängnisvoll angesehen wird, wie es damals das Ermächtigungsgesetz für Hitler war.«[16] Was 1958 galt, gilt 1983 erst recht. Denn der technische Qualitätssprung der neuen Waffensysteme macht die heute anstehenden Rüstungsentscheidungen noch verhängnisvoller, als es die von 1958 waren.

Deshalb ist es auch dann angebracht, aus geschichtlichem Versagen zu lernen, wenn man jeden Vergleich zwischen der staatlichen Ordnung der Bundesrepublik und dem Nazi-Regime zurückweist. Die Evangelische Kirche in Deutschland jedenfalls hat aus ihrem eigenen Versagen während der nationalsozialistischen Herrschaft die Schlußfolgerung einer Selbstanklage gezogen: »Wir klagen uns an«, erklärte der Rat der EKD im Stuttgarter Schuldbekenntnis vom Oktober 1945, »daß wir nicht mutiger bekannt, nicht treuer gebetet, nicht fröhlicher geglaubt und nicht brennender geliebt haben.«[17] Eine solche Selbstanklage hat nur Sinn, wenn sie als Selbstverpflichtung gemeint ist. Selten noch war die Erwartung dringender als heute, daß diese Selbstverpflichtung eingelöst wird. Hinzuzufügen ist: zu einer erneuten nachträglichen Selbstanklage bliebe – »if deterrence fails« – keinem von uns die Gelegenheit.

Anmerkungen

1 Platon, *Apol.* 29 d.
2 *Apostelgeschichte* 5,29.
3 *Matthäus* 22,21.
4 Thomas v. Aquin, *Summa Theologica* II/II q 104, a 6 ad 3.
5 M. Luther, *Weimarer Ausgabe* Band 32, S. 184.
6 A. Feuerbach, *Anti-Hobbes oder über die Grenzen der höchsten Gewalt und das Zwangsrecht der Bürger gegen den Oberherrn* (1797) Neudruck 1967.
7 Vgl. aus der aktuellen Diskussion insbesondere: W. Däubler, *Stationierung und Grundgesetz*, Hamburg 1982; D. S. Lutz, *Zur Legalität und Illegalität kriegerischer Handlungen unter besonderer Berücksichtigung des Einsatzes atomarer Massenvernichtungsmittel. Rechtsfragen des zwischenstaatlichen Gewaltverbotes* (ISFH-For-

schungsberichte, 28), Hamburg 1983; K. Ipsen, *Völkerrechtliche Konsequenzen der Stationierung von Mittelstreckenraketen auf dem Hoheitsgebiet der Bundesrepublik Deutschland*, in: *VDW-intern*, 70, September 1983, S. 3 f.

8 Vollständiger Wortlaut in: *Der Überblick* 3/1983, S. 7 ff.

9 Siehe R. Spaemann, *Technische Eingriffe in die Natur als Problem der politischen Ethik*, in: D. Birnbacher (Hg.), *Ökologie und Ethik*, Stuttgart 1980, S. 180 ff. (205). In der Anwendung auf das Problem schwerer Lebensgefährdung und Lebensschädigung konnte die an Spaemanns Aufsatz anschließende Diskussion dessen tutioristisches Argument nicht entkräften; siehe etwa W. Kluxen, *Moralische Aspekte der Energie- und Umweltfrage*, in: *Handbuch der christlichen Ethik* 3, Freiburg 1982, S. 379 ff.

10 E. Küchenhoff, *Ziviler Ungehorsam als aktiver Verfassungsschutz*, in: *Deutsche Polizei* 9/1983, S. 26 ff.

11 Th. Hobbes, *The Elements of Law*, c. 6, 14.

12 Th. Hobbes, *Leviathan*, c. 29.

13 T. Rendtorff, *Demokratieunfähigkeit des Protestantismus?*, in: *Zeitschrift für Evangelische Ethik* 27, 1983, S. 253 ff. (255).

14 M. Buber, *Werke*, Band 1, München/Heidelberg 1962, S. 1092.

15 M. Weber, *Gesammelte politische Schriften*, Tübingen 1980, S. 551, 559.

16 Sitzung des Deutschen Bundestags am 22. März 1958 (Sten. Berichte S. 1041 B/C).

17 K. Kupisch (Hg.), *Quellen zur Geschichte des deutschen Protestantismus von 1945 bis zur Gegenwart*, Teil 1, Hamburg 1971, S. 56.

Wolfgang Däubler
Ziviler Ungehorsam im Betrieb?

Ziviler Ungehorsam als Phänomen der außerbetrieblichen Öffentlichkeit

Ziviler Ungehorsam ist kein überkommener Bestandteil deutscher oder gar bundesrepublikanischer politischer Kultur. Es verwundert daher nicht, daß die sich entwickelnde Diskussion mit einigen begrifflichen Schwierigkeiten zu kämpfen hat. Steuerstreik nach dem Vorbild Thoreaus, Stromzahlungsboykott der Kernkraftgegner würden sicherlich darunter fallen; auch die verweigerte Mitwirkung bei der Volkszählung wäre erfaßt. Schwierig wird es bei der Abgrenzung der Gewaltfreiheit – ist die Schwelle zum gewaltsamen Widerstand bereits überschritten, wenn ein Zufahrtsweg vorübergehend blockiert oder eine Straßenbahn am Weiterfahren gehindert wird? Erst recht bleibt unklar, wie der Anlaß beschaffen sein muß, um zivilen Ungehorsam zu rechtfertigen, und ob die Rechtfertigung eine ausschließlich moralische oder eine auch vor den Schranken des Gerichts durchsetzbare ist.

Bei aller Unschärfe der Konturen wird deutlich, daß jedenfalls insoweit ein fester Begriffskern existiert, als von zivilem Ungehorsam nur dann die Rede ist, wenn rechtlichen Geboten zuwidergehandelt wird. Wer sich im Rahmen der Rechtsordnung bewegt, begeht keinen Ungehorsam. In dieser Fixierung auf die Zweiteilung rechtmäßig/rechtswidrig liegt eine gefährliche Verengung: Sie blendet aus, daß symbolischer Protest wie die Entfaltung von Druck auch dadurch möglich sind, daß soziale Normen verletzt werden. Ohne daß rechtlich abgesicherte Sanktionen vorhanden wären, existieren zahlreiche Spielregeln des Zusammenlebens, deren Verletzung durch einen Teil der Bevölkerung erhebliche Auswirkungen hätte. Wird etwa der bargeldlose Zahlungsverkehr eingestellt und durch die traditionelle Barzahlung ersetzt, geraten Finanzamt und Stadtwerke in große Schwierigkeiten. Erst recht bereitet es Verdruß, wenn beispielsweise von der sozialen Konvention abgegangen wird, Konflikte nur in Ausnahmefällen durch förmliche Rechtsbehelfe und mit Hilfe der Gerichte zu bewältigen. Was würde geschehen, wenn gegen jeden Bußgeldbescheid Einspruch eingelegt oder wenn jede Kündigung mit der Kündigungsschutzklage bekämpft würde? Was hätte es wohl für Konsequenzen für den Straßenverkehr, wenn alle Vorschriften korrekt beachtet, beispielsweise innerhalb geschlossener Ortschaften nur knapp unter 50 gefahren, und wenn die Vorfahrtsregel korrekt beachtet würde?

Die etwas voreilige Verengung des zivilen Widerstands auf den Bruch bestehenden Rechts hängt vermutlich damit zusammen, daß sich die Diskussion bisher ausschließlich auf Widerstandsformen bezogen hat, die sich im Bereich des Öffentlichen entwickelt haben. Völlig ausgeklammert blieb der Betrieb, wo seit über einem Jahrhundert rechtswidriger wie auch rechtmäßiger Ungehorsam praktiziert wird. Die Verletzung sozialer Normen spielt dort seit jeher mindestens dieselbe Rolle wie der ursprünglich generell und heute noch immer in vielen Erscheinungsformen illegale Streik. Wie kommt es, daß sich die civil-rights-Bewegung in den USA und die Friedensbewegung in der Bundesrepublik so wenig von diesen betrieblichen Erfahrungen inspirieren lassen? Was die USA betrifft, so scheint die plausibelste Erklärung darin zu liegen, daß der organisatorische Träger fehlte, der diese Vermittlungsaufgabe hätte erfüllen können: Die Gewerkschaften verstanden sich nur als Kartell der Arbeitskraftverkäufer, nahmen an sozialen Bewegungen aber relativ wenig teil. Man kann in diesem Zusammenhang sogar noch einen Schritt weitergehen und sich das Problem stellen, daß ziviler Ungehorsam im bisher diskutierten Sinne nur dort überhaupt praktische Bedeutung erlangt, wo es an einer aktiven, soziale Probleme aufgreifenden Arbeiterbewegung fehlt. Die »Entdeckung« des zivilen Ungehorsams in der Bundesrepublik wäre dann unschwer damit zu erklären, daß die Gewerkschaften in der Friedensfrage lange Zeit ein Übermaß an Zurückhaltung praktiziert haben. Würde ein Generalstreik von ein oder zwei Tagen ernsthaft zur Debatte stehen, so wäre vermutlich die gewaltfreie Blockade militärischer Einrichtungen ein sehr viel geringeres Problem.

Gestatten Sie mir, im folgenden ein wenig über betriebliche Formen des Ungehorsams zu berichten und dann der Frage nachzugehen, was von den dortigen Erfahrungen auf andere Aktionsfelder übertragbar ist.

Erscheinungsformen betrieblichen Widerstands

Das gemeinhin als zentral eingestufte Kampfmittel der Arbeitnehmer ist der Streik. Ursprünglich in allen seinen Erscheinungsformen zumindest ein Vertragsbruch, in der Regel auch strafbar, scheint er heute in die Rechtsordnung integriert zu sein. Dies gilt freilich nur für *eine* wesentliche Erscheinungsform, den Arbeitskampf im Rahmen einer gewerkschaftlichen Tarifrunde; alle anderen Streiks werden von den Arbeitsgerichten als rechtswidrig behandelt oder bewegen sich in der Grauzone des rechtlich nicht eindeutig Definierten. In einer Reihe anderer westlicher Länder sind die Spielräume insoweit größer, als die staatliche Sanktionsgewalt weiter zurückgenommen ist. In langfristiger Perspektive wäre für den zivilen Ungehorsam im bisherigen Sinn eine ähnliche selektive Legalisierung denkbar; insbesondere dort, wo keine alternativen Konfliktregelungsmechanismen vorhanden sind, wäre an eine Flexibilisierung der rechtlichen Schranken zu denken.

Unbestritten außerhalb der Legalität bewegt sich die Kampfform der Sabotage, soweit sie Arbeitsmittel oder Arbeitsprodukte unbrauchbar macht oder zerstört. In der Praxis spielt diese Form des Protests eine relativ geringe Rolle; typischerweise ist sie Ausdruck einer aus Ohnmacht resultierenden Aggressivität eines einzelnen und deshalb ohne gemeinsamen Nenner mit den bisher diskutierten Formen des zivilen Ungehorsams.

Sehr viel interessanter sind unter diesen Umständen jene Formen von Verweigerung, die sich innerhalb bestehender rechtlicher Spielräume bewegen. Vier Handlungsformen seien hervorgehoben.

– Arbeitnehmer können dem Arbeitgeber dadurch ihre Arbeitskraft entziehen, daß sie kündigen. Zwar beschränkt sich dieses Druckmittel auf jene Fälle, in denen dem abkehrwilligen Arbeitnehmer keine Arbeitslosigkeit droht, doch heißt dies selbst in der Gegenwart nicht, daß dieses Mittel immer und unter allen Umständen ein stumpfes Schwert wäre. Für den Arbeitgeber folgt daraus ein Verlust an Humankapital, ein erzwungener Verzicht auf eine mit den betrieblichen Abläufen vertraute (in der Regel qualifizierte) Arbeitskraft. Scheidet eine Kündigung aus, so kommt es bisweilen zu verstärkten Krankmeldungen; soweit effektiv eine Krankheit vorliegt, handelt es sich nur um die Rücknahme einer Zusatzleistung, nämlich der Bereitschaft, auch dann am Arbeitsplatz zu erscheinen, wenn jeder Arzt für einige Tage Pause plädieren würde. Daß dies alles andere als eine praxisferne Spielerei ist, wird an der Tatsache deutlich, daß nach einer Untersuchung des baden-württembergischen Sozialministeriums 63,9% der an ihrem Arbeitsplatz befragten Männer und 71,1% der Frauen ärztliche Behandlung benötigten.

– Arbeitnehmer können ihre Leistung in gewissem Umfang reduzieren, ohne dadurch gegen arbeitsvertragliche Pflichten zu verstoßen. Sie können etwa darauf verzichten,

Vorschläge über rationelleres Arbeiten zu entwickeln oder nach oben weiterzugeben, sie können insbesondere bei Dienstleistungen die Arbeitsintensität in beträchtlichem Umfang selbst steuern. Sogar bei einzelnen Akkordformen bestehen hier Spielräume.

– Die Arbeitnehmer können weiter darauf verzichten, sich im bisherigen Rahmen über Vorschriften des Arbeitsschutzrechts hinwegzusetzen: Man trägt Sicherheitshandschuhe, obwohl dies den flüssigen Arbeitsablauf stört, man weigert sich, beim Rangieren von Zügen zwischen einzelnen Wagen hindurchzugehen, weil in der Tat entsprechende Verbote bestehen. Der Sache nach handelt es sich dabei um eine korrekte Befolgung des bestehenden Rechts, nicht etwa um Fälle des Mißbrauchs oder des bewußten Mißverstehens, die man normalerweise mit dem Begriff des »Dienstes nach Vorschrift« umschreibt.

– Schließlich lassen sich insbesondere betriebsverfassungsrechtliche Befugnisse in einer Art und Weise ausüben, die dem Arbeitgeber nicht unbeträchtliche Nachteile zufügen. Wenn ein entsprechender Anlaß besteht, kann eine Betriebsversammlung ein bis zwei Tage dauern; der Arbeitgeber ist anders als beim Streik zur Lohnfortzahlung verpflichtet. Niemand kann es überdies den Arbeitnehmern verbieten, sich während der Arbeitszeit nach § 39 Abs. 3 BetrVG an den Betriebsrat zu wenden, um ihm ein Anliegen vorzutragen. Auch wenn dies viele Beschäftigte gleichzeitig tun, wird der Arbeitgeber Mühe haben, einen Mißbrauch der im Gesetz vorgesehenen Befugnisse zu belegen.

Machen Gruppen von Arbeitnehmern von diesen Möglichkeiten Gebrauch, so läuft dies in der Regel auf eine erhebliche Reduzierung der Produktivität hinaus. In autoritären Arbeitsverfassungen, die kein Streikrecht kennen, kommt entsprechenden Kampfformen ein besonders hoher Stellenwert zu. Erfahrungen in Spanien, aber auch während des Faschismus in Deutschland unterstreichen, daß die wirtschaftlichen Interessen der Arbeitgeberseite dadurch sehr viel stärker beeinträchtigt sein können als durch ein offen zugestandenes und praktiziertes Streikrecht.

Was folgt daraus für die heutige Diskussion? Die abhängig Beschäftigten verfügen in der Bundesrepublik offensichtlich über ein beträchtliches Druckpotential, dessen Einsatz in der Auseinandersetzung um die Stationierung der Friedensbewegung außerordentlich große Handlungsmöglichkeiten eröffnen würde. Auch hier wäre es wenig sinnvoll, die Diskussion von vornherein auf rechtswidrige Handlungsformen zu beschränken.

Übertragung auf andere Aktionsfelder?

Kann eine soziale Protestbewegung vom betrieblichen Widerstand lernen? Es gilt, eine Reihe von Unterschieden zu beachten.

Vom Arbeitnehmer wird im Betrieb ein aktives Tun verlangt. Druck läßt sich daher im Prinzip schon dadurch entfalten, daß man sich passiv verhält, daß man weniger oder gar nicht arbeitet. In der außerbetrieblichen Öffentlichkeit sind Handlungspflichten eher die Ausnahme. Unterschriftensammlungen, Petitionen und Demonstrationen, aber auch gewaltfreie Blockaden sind nur auf der Basis eines aktiven Engagements möglich. Die Schwelle hierfür ist um einiges höher; auch sind häufig soziale Kontakte erst herzustellen, die im Betrieb aufgrund der räumlichen Nähe schon vorhanden sind. Wird ausnahmsweise auch seitens des Staates ein bestimmtes Tun des Bürgers verlangt, so ist das Verweigerungspotential entsprechend größer. Die Erfüllung der Wehrpflicht und die Zahlung der Steuern sind deshalb auch durch strafrechtliche Verbote abgesichert.

Ein weiterer Unterschied besteht darin, daß Kooperationsverweigerung im Betrieb in der Regel zu einem eindeutig dem »Kampfgegner« zuzurechnenden Nachteil führt. Legt man statt dessen den Straßenverkehr lahm, so wirkt sich dies in erster Linie als Belastung für andere Mitbürger aus.

In einer Hinsicht treffen außerbetriebliche Protestmaßnahmen jedoch auf günstigere Voraussetzungen: Sie berühren eine Ordnung, die den Anspruch erhebt, daß alle in ihr Platz haben, daß die bestehenden Verhältnisse zumindest als einigermaßen erträglich empfunden werden. Wird das Gegenteil dokumentiert, verliert das bestehende Herrschaftssystem an Legitimität. Da sich die Konsequenzen schwer abschätzen lassen, ist beispielsweise eine Blockade ein durchaus aussichtsreiches Kampfmittel, obwohl sie die Bewegungsfreiheit der Militärs schon ihres gewaltlosen Charakters wegen kaum nennenswert beschränkt.

Einbußen an Legitimität lassen sich anders als Gewinneinbußen nicht in Mark und Pfennig ausdrücken. Dennoch hat sich im Bewußtsein der Bevölkerung schon aufgrund des bisherigen Kampfes gegen die Raketen einiges geändert. Zahlreiche Umfrageergebnisse machen dies deutlich. Man kann sich in diesem Zusammenhang selbst auf Frau Noelle-Neumann stützen, die anders als die ZDF-Umfrage nur eine kleine Mehrheit von Stationierungsgegnern ermittelt hat, sich dabei aber einer leicht suggestiven Fragestellung bediente. Bemerkenswert ist nämlich, daß selbst auf der Basis ihrer Zahlen 47% aller Befragten für eine gleich enge Bindung zu den USA und zur Sowjetunion plädierten, während sich nur 42% für eine engere Bindung an die USA aussprachen. Zwei Jahre zuvor, d. h. 1981, hatte es noch umgekehrte Mehrheiten gegeben: Nur 38% zeigten das gleiche Maß an Zuneigung zu beiden Seiten, 48% waren für eine engere Bindung an die USA. Man kann mutmaßen, daß die Ergebnisse noch »neutralistischer« gewesen wären, hätte man nicht nach einer gleich »engen« Bindung (auch zur Sowjetunion!), sondern nach gleicher Distanz zu beiden gefragt. Wie dem auch sei, die totale Westintegration der Bundesrepublik und damit ein wesentlicher Teil der bisherigen Ordnung verliert deutlich an Legitimität, die Zustimmung zu amerikanischer Dominanz unterliegt einem Erosionsprozeß.

Lassen Sie mich zusammenfassen. Ich meine, es geht nicht nur darum, die Diskussion auf rechtswidrige Widerstandsformen zu konzentrieren. Ich sehe die Gefahr, daß – von grundsätzlichen Bedenken einmal abgesehen – rechtswidriges oder rechtlich riskantes Handeln die Sache einer kleinen Avantgarde, einer Spitze, bleibt, die man unschwer abbrechen kann. Wenn man eine breite Basis, eine Massenbewegung der Aktiven erstrebt, ist es notwendig, auch Formen zu entwickeln, die vom einzelnen relativ wenig Risikobereitschaft erfordern.

Weiter sollten wir in der morgigen Diskussion die betriebliche Sphäre nicht ausgliedern. Sie ist nicht die allein entscheidende, aber sie ist wichtig, und wir sollten versuchen, von der dort entwickelten Kreativität zu lernen.

Diskussionsbeiträge

Jürgen Schmude

Ich will meinem Beitrag die grundsätzliche Stellungnahme voranstellen, daß ich nach wie vor den NATO-Doppelbeschluß, den wir gefaßt haben, für ein brauchbares und vertretbares Instrument halte, mit dem es uns gelingen kann und – wie ich hoffe – wird, mehr Sicherheit zu schaffen. Das betrifft die Drohung, die darin steckt, das betrifft den Erfolg dieser Drohung, nämlich daß wir Verhandlungen haben; was wird, wenn die Erwartung enttäuscht wird, steht auf einem anderen Blatt. Insofern stehe ich auch mit innerer Überzeugung zur Haltung meiner Partei, die sagt, wir werden nach Abschluß der Verhandlungen in deren Licht entscheiden. Ich weiß, das Ganze ist riskant, denn wer droht und die Erfüllung der Drohung vorbereitet, kann auf eine Ebene geraten, die zur Verwirklichung führt und die ihm die Freiheit, Nein zu sagen, nur noch begrenzt oder gar nicht mehr läßt. Aber aus meiner Sicht wäre auch der Verzicht auf Drohungen und Verhandlungen riskant gewesen.

Wir haben jetzt die Auseinandersetzung über den Doppelbeschluß und über die Verwirklichung der Drohung und damit auch über die Frage: Soll diese Drohung noch als ernst erscheinen oder wollen wir in aller Öffentlichkeit deutlich machen, wir haben es gar nicht so gemeint, wir werden, was auch herauskommt, sie nicht verwirklichen. Mir liegt sehr daran, daß diese Auseinandersetzung ein fruchtbares Miteinander der Gruppen mit verschiedenen Meinungen wird – gerade derer, die uns als Sozialdemokraten mit Verantwortung für diesen Beschluß kritisieren. Diese Auseinandersetzung muß uns beisammenhalten, nicht zerschneiden. Und deshalb: Unsere Bemühungen müssen der Kriminalisierung, der zunächst verbalen und dann später auch durch Rechtsprechung und Strafverfolgungsbehörden betriebenen Kriminalisierung entgegenwirken, ebenso der Diffamierung, der Zerstörung der Gemeinsamkeiten. Ich glaube, wir haben da schon einiges leisten können. Dieses Forum wird sicherlich mit der Diskussion und den Angriffen, die in den nächsten Wochen folgen, ebenfalls einen wichtigen Beitrag bringen.

Meines Erachtens bleibt aber nichts davon abzustreichen, daß, wer meint, zur Abwehr der von ihm angenommenen Gefahr auch Strafrechtsnormen überschreiten zu müssen, das Risiko der Bestrafung damit in Kauf nimmt und nur begrenzt Wege finden wird, sich ihm zu entziehen.

Die auf diesem Forum angestellten Überlegungen halte ich zur Klärung für hilfreich. In den gestrigen Darlegungen von Wolfgang Däubler wurde deutlich, daß es bei den Ausdrucksformen des zivilen Ungehorsams ja bei weitem nicht nur um Strafrechtsverstöße geht, sondern daß eine ganze Palette der verschiedenen Regelabweichungen sichtbar ist. Ob das in der Weise verwirklicht werden kann, wie Däubler es uns gestern vorgestellt hat – da habe ich meine Zweifel. Das kommt mir etwas zu schlau vor, und ich fürchte, gegenüber den Reaktionen derer, die sich da angegriffen fühlen, würden die Überlegungen, die er uns vorgetragen hat, keinen Bestand haben. Aber darauf hinzuweisen, daß es nicht nur um Strafrechtsverstöße geht, scheint mir angesichts der öffentlichen Vereinfachung, Pauschalierung und Diffamierung außerordentlich wichtig.

Und insofern bin ich Herrn Schüler-Springorum dankbar, daß er uns hier noch einmal in aller Differenzierung die Risiken und Möglichkeiten aufgezeigt hat, ohne diese Risiken, die für den einzelnen bestehen, letztlich zu leugnen. Ob es möglich sein wird, nach dem Vorschlag von Herrn Dreier mit einer Rechtfertigungsformel Grundsatzfragen und Grundsatzprobleme zu lösen und jedenfalls einen Teil dieses zivilen Ungehorsams, auch wo er in der Übertretung von Strafrechtsnormen besteht, zu rechtfertigen, daran habe ich sehr starke Zweifel. Ich möchte das nahezu ausschließen.

Dies scheint mir eine sehr kunstvolle, diffizile Gedankenführung zu sein, deren einzelne Elemente in die Rechtsprechung durchaus Eingang finden können, etwa bei der Abwägung, was verwerflich ist im § 240, dem Nötigungsparagraphen. Oder bei der Abwägung, wie weit das Zurückstehen anderer Belange hinzunehmen ist um des Demonstrationsrechtes, um der Versammlungsfreiheit und der Meinungsfreiheit willen. Dazu hat die Rechtsprechung schon einiges geleistet. Zwar sehe ich die Punkte, in die diese Erwägungen zur Rechtfertigung eingreifen werden; aber daß das Ganze als komplettes System sich wird durchhalten lassen, mit dem Ergebnis, einen bestimmten Bereich strafrechtlich freizustellen, das erwarte ich nicht – und ich will das auch nicht. Das ist mir eine zu komplizierte, zu gefährliche, zu unsichere Konstruktion.

Herr Habermas hat gestern gefragt, wie es mit der dünnen Legitimationsdecke der einfachen Bundestagsmehrheit steht, und Peter Glotz hat dazu schon seine Anmerkungen im Hinblick auf die Ostverträge gemacht, die dann mancher nicht akzeptieren will, weil es hier nicht um Ostverträge, um etwas Friedliches, sondern um etwas anderes gehe. Aber mir scheint trotzdem, so sehr wir weiter über das Problem nachdenken müssen: Wenn der Bundestag in angemessener Form – und wir denken noch darüber nach, ob es eine Gesetzesform sein muß –, seine Meinung dazu sagt, dann muß eine Legitimation unterstellt werden und man kann nicht sagen, dies ist nun null und nichtig, es überfordert die Bürger, dazu hat der Bundestag gar nicht das Recht.

Wieweit Mehrheitsentscheidungen in einem solchen Bereich wirklich noch das Instrument sind, um zu Entscheidungen, um zu Maßnahmen zu kommen, dies bedarf einer besonderen und wohl noch viele Jahre uns beschäftigenden Diskussion. Das werden wir in diesem Winter nicht fertigbringen.

Der Hinweis darauf, die plebiszitäre Mehrheit sei doch eigentlich verloren für das, was da geschehen soll, überzeugt mich aber überhaupt nicht. Denn ich gebe zu bedenken, was geschähe, wenn die Koalition sagen würde, sie sähe das so ähnlich oder wollte das jedenfalls geklärt haben, aber nicht durch Plebiszit, sondern durch eine erneute Bundestagswahl, die im November/Dezember dieses Jahres stattzufinden hat und bei der sie selbstverständlich nicht eine Spezialentscheidung über Nachrüstungsfragen herbeiführen will, sondern alles zur Wahl stellt. Ich weiß nicht, wie ich unsere Chancen einschätzen soll, aber es könnte ja sehr wohl sein, daß sich der 6. März wiederholt. Wollen dann alle diejenigen, die jetzt die plebiszitäre Mehrheit geschwunden sehen, dieser Wahl die Anerkennung als Ausdruck des Volkswillens verweigern? Ich gebe das nur zu bedenken.

Und nun zum Schluß: Ich sehe Chancen, daß wir die von Herrn Habermas befürchtete Verschärfung des autoritären Legalismus, wenn schon nicht verhindern, dann jedenfalls mildern. Ich möchte uns vor allem die Chance erhalten, dies dann später wieder zurückzudrehen. Manche Betrachtung, die ich in diesen Tagen höre, sehr engagierte Betrachtungen, ist so angestellt, als sei irgendwann im Laufe dieses Winters der Null- und Schlußpunkt erreicht und für die Zeit danach brauche man sich den Kopf nicht mehr zu zerbrechen. Aber ich zerbreche mir den Kopf, denn so groß diese Gefahr auch immer sein mag, ich sehe die Notwendigkeit, daß wir uns auch auf die Zeit danach einrichten und daß wir in der Zeit davor nicht Dinge zerstören, die wir später bitter nötig brauchen. Auch dürfen wir anderen nicht die Handhabe geben, sie zu zerstören. Unsere Kraft, möglichst auch unsere gemeinsame Kraft müssen wir vielmehr erhalten, um dann weiterzukämpfen und, was an Schaden eingetreten ist, wieder zu beheben.

Klaus Staeck

Ich finde es gut, daß wir in einer Art Vorherbststimmung hier nochmal ausführlich über die praktischen Konsequenzen von Dingen reden, die jetzt fast täglich passieren. Gerade deshalb, weil ich mir selbst über einige hier zur Diskussion stehende Fragen noch nicht im klaren bin.

Ich komme aus einer Familie, in der Ungehorsam nicht gerade zu Hause ist, wie das wohl bei den meisten deutschen Familien der Fall sein dürfte. Deshalb habe ich mir, als ich vor kurzem nach Mutlangen fuhr, das sehr gut überlegt. Und natürlich bin ich in dem festen Bewußtsein gefahren, möglicherweise rechtswidrig zu handeln. Wenn dem nicht mehr so wäre, wenn also Ungehorsam gar kein Ungehorsam mehr ist, dann fällt er künftig in bestimmten Fällen auch als Instrument des Protestes aus. Das muß man sich klarmachen.

Das Dilemma vieler Blockierer in Mutlangen war ja, daß der Staat so flexibel reagierte und daß er eben nicht von seinem Recht Gebrauch gemacht hat, die Gesetze an Ort und Stelle sofort durchzusetzen, indem er die Leute wegtragen ließ und ihre Bestrafung beantragte. Das war doch der neue Konflikt für viele, die da saßen und nun glaubten: jetzt läßt der Staat uns auflaufen und führt uns an der Nase herum. Denn viele sind doch in dem Bewußtsein nach Mutlangen gefahren, sich nach geltendem Recht rechtswidrig zu verhalten. Ich habe mir lange überlegt, ob es klug sei, selbst in die Falle zu gehen und mir möglicherweise meinen 38. Prozeß einzuhandeln, während ich sonst lieber die anderen kommen lasse. Das kann übrigens sogar noch geschehen. Schließlich gibt es ja tausende von Fotos, wonach man alle Blockadeteilnehmer identifizieren kann. Die Frist läuft ja noch, so daß man noch nachträglich alle anzeigen könnte, wenn man das wollte.

Als Frauen sich seinerzeit wegen § 218 StGB selbst der Abtreibung bezichtigt haben, taten sie das ja ganz bewußt. Sie wollten ein für sie als unmenschlich empfundenes Gesetz in Frage stellen durch ein persönliches Schuldbekenntnis. Sie hatten gehofft, daß der Staat darauf reagiert, was er schließlich ja auch tat, indem er über das Parlament das Gesetz änderte.

Bei einem Volk, das keine Revolution je erfolgreich zu Ende geführt hat, muß man den Ungehorsam schon ausbauen. Trotzdem meine ich, es sollte auch ein Ungehorsam bleiben. Das Risiko sollte bleiben, weil wir uns sonst sofort neue Instrumente einfallen lassen müssen. Ich halte nicht allzuviel davon, den Rahmen ohne weiteres auszuweiten, schon gar nicht über einem speziellen Fall.

Wir diskutieren das ja alles an der Nachrüstung und mir graust bei dem Gedanken, daß plötzlich dann die Rechtsradikalen oder wer immer in die Lücke springt – die könnten sich ja in manchen Fragen auf eine große Mehrheit des Volkes berufen – und morgen das Asylantenheim blockieren. Die würden dann natürlich auch das Recht für sich in Anspruch nehmen, das Recht vielleicht sogar zum Widerstand gegen die von ihnen behauptete Überfremdung. Vielleicht bin ich da altmodisch, aber für mich hat das Gesetz hohen Stellenwert, wenn es demokratisch zustandegekommen ist, einen sehr hohen Stellenwert. Und es ist unsere verdammte Pflicht als Politiker, undemokratische oder als undemokratisch empfundene Gesetze politisch zu bekämpfen und für jene Mehrheiten zu sorgen, die sie wieder abschaffen. Es ist nicht ungefährlich, wenn wir nur die uns genehmen Fälle ausklammern.

Habermas hat gestern als Beispiel Claus Offe erwähnt, der in der *ZEIT* sinngemäß schrieb: es gibt bestimmte Fragen, wo Mehrheitsentscheidungen auch ignoriert werden können. Mich hat das damals sehr erschrocken, weil man sich natürlich sehr schnell ausmalen kann, wer dann alles auf die

Idee kommt und sagt, in diesem und jenem Falle gelten Mehrheitsentscheidungen doch nicht als oberstes Prinzip der Demokratie. Ich finde es gut, daß wir über diese Probleme so intensiv diskutieren und nicht der »Bewegung« einfach blind folgen.

Gerade in der Hitze des Gefechts ist es wichtig, sich der Rechtsstaatsprinzipien auch juristisch zu erinnern. Juristerei ist ja nicht nur etwas Schlechtes. Denn: wenn sie uns nutzen, berufen wir uns im Zweifel ja alle auf diese Prinzipien.

Wir sollten gerade jetzt die elementaren Prinzipien der Demokratie festklopfen. Ich glaube, wir werden sie demnächst dringend als Berufungsinstanz brauchen: eine absolute Festigkeit in demokratischen Rechtsstaatsprinzipien.

Manchmal plagt mich die Sorge, daß so mancher, der gern mit der Zeit gehen möchte, etwas locker damit umgeht im Augenblick. Ich fürchte, wir erweisen der Demokratie keinen guten Dienst, wenn wir ebenso opportunistisch reagieren wie der Staat in Mutlangen reagiert hat, als er bestimmte Fotos vom weggetragenen Heinrich Böll der Weltpresse nicht gönnte und deshalb mal schnell das Recht für bestimmte Personen außer Kraft gesetzt hat.

Demonstrieren, Blockieren, so interpretiere ich das, was Jürgen Habermas angedeutet und Prof. Dworkin ausgeführt hat, sind also beste angelsächsische Traditionen. Wir verhalten uns also, in dem wir demonstrieren und blockieren, sehr amerikanisch, nicht antiamerikanisch, obwohl es gegen die amerikanischen Raketen geht. Ich weiß nicht, ob viele von Ihnen wissen, daß aus dem amerikanischen Lager in Mutlangen Zettel herausgereicht wurden mit der Aufschrift »Don't yield«, Gebt nicht auf. Und ich hoffe, daß wir in einem Jahr so weit sind, daß aus deutschen Kasernen solche Zettel herausgereicht werden, daß also unser Republikanisierungsprozeß fortschreitet. Politiker neigen dazu, die Straße zu verachten oder verächtlich zu machen, zu sagen, wir lassen uns von der Straße nicht beeinflussen. Ich möchte darauf hinweisen, daß alle Parteien, alle Regierungen von der Straße gewählt sind. Sie werden nicht gewählt von der versammelten Herausgeberschaft sämtlicher konservativer Zeitungen, die 0,01% der Wähler ausmachen. Die Straße wählt, und wenn der berühmte Mann von der Straße, auf den man immer als Werbeopfer, als Wähler so freundlich zugeht, wenn der dann auf die Straße *geht*, wird er plötzlich verdächtigt. Wir wollen uns diese neue Definition von Straße und Mann auf der Straße merken. Im übrigen, ich glaube, das hat sowohl Herr Dworkin wie Herr Habermas gesagt, ich habe sie nicht ganz genau verstanden. Es sind ja Arbeiterbewegung, Frauenbewegung, Bürgerrechtsbewegung, Anti-Vietnam-Bewegung von der Straße in die Politik und in die Gesetzgebung gekommen. Das Außerparlamentarische gehört zum Parlamentarismus. In Diktaturen gibt es nichts Außerparlamentarisches, sondern nur Irrenhäuser und Kittchen. Ich möchte noch eine Zuordnung vorschlagen: Widerstand und

Zumutung. Es kommt ja darauf an, was einem an dem geographischen, politischen und historischen Ort zugemutet wird, an dem man lebt. Wenn mir 40 Jahre Somoza zugemutet werden, scheue ich vor keiner Flinte zurück. Das ist doch klar. In unserem System brauchen wir keine Gewalt, keine Waffen, das ist ganz klar. Ich halte einen Teil unserer Regierung für äußerste Zumutung, aber sie sind frei gewählt in einer völlig unbestreitbar freien Wahl, also müssen wir sie hinnehmen. Ich halte den Regierungssprecher für eine potenzierte Zumutung, aber auch den muß ich hinnehmen. Wir wollen uns auch den Begriff Widerstand nicht so ganz historisieren lassen und ihn allein auf den 20. Juli reduzieren. Widerstand ist ein Lebenselement. Im Taufgelübde, ich weiß nicht, wieviel von Ihnen das haben über sich ergehen lassen müssen, werde ich ja aufgefordert, dem Teufel zu widersagen oder zu widerstehen. Und da wir ja alle Gerechte sind, müssen wir also 7mal, 70mal am Tage Widerstand leisten. Wir müssen Widerstand leisten gegen die Werbung, gegen alle möglichen Sorten von Verführung. Wir sind also auf Widerstand angelegt. Nur keine Angst vor diesem Wort – und nicht nur an den 20. Juli denken.

Ich möchte noch etwas zur Straße sagen. Wer so alt ist wie ich, älter oder ein bißchen jünger, ist natürlich auch traumatisiert durch die Straße, den Nazi-Terror auf der Straße, die, ich habe es so empfunden, Heimatvertreibung von der Straße durch die Nazis. Die Kölner Straßen, die ich als Heimat betrachtete, waren für mich nicht mehr betretbar, weil diese Horden da durchmarschierten, nicht nur zu dem Zwang, die Hand hochzuheben, sondern auch noch ihre blutrünstigen Lieder sangen. Verstehen Sie, wir sind auch traumatisiert durch die Straße. Natürlich auch durch den Marsch über die Straßen Europas, die wir im Krieg entlangmarschiert sind. Ich muß mich von diesem Trauma befreien, um auf die Straße zu gehen, aber ich gehe nicht so auf die Straße, ich *setze* mich auf die Straße. Ich setze mich der Regelverletzung, der Ordnungswidrigkeit, der Strafbarkeit aus und möchte darauf hinweisen, daß man sich vielleicht strafbar machen muß, um das Delikt, dessen man sich strafbar macht, aus dem Strafgesetzbuch zu eliminieren. Sehen Sie sich an, was vor 120 Jahren alles strafbar war. Ehebruch war noch strafbar, ich brauche das ja gar nicht auszuführen, die Juristen unter Ihnen und die Rechtsphilosophen unter Ihnen wissen das viel besser.

Ich schlage vor, nein, ich möchte noch darauf hinweisen, daß die Straße das Medium, Ausdrucksmedium, von Meinungen ist, die in der Medienlandschaft, wie man sie nennt, nicht mehr vertreten werden. Die Verschleimung unserer Medien nimmt täglich zu. Sie erinnern sich, Herr Glotz, wie ich hier vor ein paar Monaten diese Verschleimung angesichts der Laudatio für Franca Magnani geahnt zu haben glaubte. Sie nimmt täglich zu. Die Straße wird unser Medium, und wenn diese Meinungsumfragen stimmen, sind wir ja eine Mehrheit auf der Straße. Ich denke auch, daß die Verschleimung noch zunehmen wird. Der Regierungssprecher, den wir haben, ist ja ein Plattitüdenkaiser ersten Ranges, ein Demagoge mit fast 30jähriger Erfahrung im Plattschlagen von Problemen, und das wird seine Wirkung auf die Medien haben, hat es schon. Hören Sie mal ganz genau hin. Also wird die Straße für uns immer wichtiger, und wir werden uns auch daraufsetzen. Ich erinnere Sie an die Einrichtung der Sitzredakteure. Wir müssen die Sitzredakteure wieder erfinden.

Nachwort

Roman Herzog hat den Begriff des zivilen Ungehorsams ein »Monstrum« genannt; das Konzept der symbolischen Rechtsverletzung vernebele Sachverhalte und schade dem allgemeinen Rechtsbewußtsein. Bundeskanzler Kohl urteilt noch lapidarer. Für ihn gilt die Maxime »Gesetz ist Gesetz« – und sie klingt, als wollte er sagen: »Schnaps ist Schnaps.« Aber wie war es, als Martin Luther King die Gesetze des demokratischen Amerika übertrat, weil er die Praxis der Rassentrennung nicht mehr ertragen wollte? Was war, als Gandhi gegen die Kolonialmacht England antrat, die zu dieser Zeit schon viele Jahrzehnte zuvor eine demokratische Regierungsform installiert hatte? Was war, als der Gouverneur Wallace in höchst eigener Person auf den Treppen seines Gouverneurs-Palastes und gegen das Urteil seines Supreme Courts dafür sorgte, daß die Rassentrennung eingehalten wurde?

Zur Diskussion solcher Fragen hat das »Kulturforum der Sozialdemokratie« im Herbst 1983 ein Symposium veranstaltet, dessen wichtigste Beiträge hier veröffentlicht werden. Noch bevor man wissen konnte, ob der Herbst heiß wird oder nicht, haben Sozialphilosophen und Strafrechtler, Verfassungsgeschichtler, Politiker, Journalisten und Künstler aus unterschiedlichen politischen Himmelsrichtungen die Frage hin und her gewendet, wie die Gesellschaft der Bundesrepublik Deutschland auf die Stationierung neuer, landgestützter Mittelstreckenraketen reagieren werde und solle. Die Zauberworte dieser Diskussion waren, wie schon vor Jahrzehnten, die Begriffe Legalität und Legitimität. Die Geister von Carl Schmitt und Hermann Heller saßen unsichtbar auf den Wandverzierungen der Godesberger Redoute und beeinflußten die Debatte.

Beim Streit um die Raketen (oder die »Nachrüstung«, wie andere sagen) prallen die Evidenzen aufeinander. Die einen meinen ganz genau zu wissen, daß die Stationierung von Pershing und Cruise Missiles einen baldigen Atomkrieg wahrscheinlich macht; die anderen halten im Gegenteil diese Stationierung für die notwendige Sicherung des militärischen Gleichgewichts, ohne das ein militärischer Konflikt in absehbarer Zeit unvermeidbar sei. Dieser Zusammenprall ist nur für diejenigen kein Problem, die die Erkennbarkeit der Welt so unproblematisch finden wie Mach und Lenin. Aber die materialistischen Abbildtheoretiker sind heute in der Minderheit; und deshalb spiegelt dieses Buch die Bemühung von Leuten mit unterschiedlichen Grundüberzeugungen, sich trotz ihrer unterschiedlichen Evidenzen im Staat des Bonner Grundgesetzes zurechtzufinden und Legalität und Legitimität miteinander zu versöhnen.

Als sozialdemokratischer Politiker hatte ich mit der Diskussion meine Schwierigkeiten. Wenn Jürgen Habermas von der »dünnen Legitimationsdecke einer einfachen Bundestagsmehrheit« sprach, mußte ich an die knappe Mehrheit denken, mit der die sozialliberale Koalition die Ostverträge durchgebracht hatte. Brandts Politik wurde gegen den erbitterten Widerstand von Hunderttausenden oder Millionen von Menschen durchgesetzt, die die Anerkennung der DDR oder der Oder-Neisse-Grenze, so notwendig sie war, für Verrat am deutschen Volk hielten und die knappe Entscheidung des Parlaments nicht weniger vehement ablehnten als die Friedensbewegung heute die Stationierung neuer Raketen. Habe ich damals, 1972, so muß ich mich fragen, von der protestierenden Minderheit (deren radikaler Flügel eine »Aktion Widerstand« ins Leben rief) nicht Unterordnung unter die Gesetze verlangt? Ziviler Ungehorsam wird, so lehrt das Beispiel des Gouverneurs Wallace, von Rechten wie Linken in Anspruch genommen. Zimmert die Linke also in den heutigen Diskussionen ein Podium für künftige rechte

Protestbewegungen? Die Erinnerungen an Chile gehen mir nicht aus dem Kopf. Die Erinnerungen an populistisch agierende Mittelschichten nämlich, die die Hausfrauen, Töpfe schlagend, auf die Straße schickten, um den demokratisch gewählten Präsidenten Allende zu stürzen. Vergeßt nicht, rufe ich meinen linken Freunden zu, daß nicht die CIA allein dem chilenischen Sozialismus den Garaus gemacht hat.

Ich habe auch meine Probleme mit der Flexibilisierung von strafrechtlichen Normen, mit dem Trend zur Legalisierung, wie er sich in dem Text von Ralf Dreier manifestiert. Sollte ein Bürger, der es aus einem ethischen Impuls heraus für notwendig hält, ein Gesetz zu verletzen, nicht die Strafe auf sich nehmen, statt sie güterabwägend wegzuargumentieren? Je mehr Gesetzesübertretungen ich legalisiere, desto größer werden die Gesetzesüberschreitungen der hart dissentierenden Mehrheit werden. Ist die Gefahr nicht groß, daß die Strategie der Legalisierung von einer Strategie der Eskalation eingeholt wird?

Oder die neue Theologisierung der Politik. Der Ökomenische Rat der Kirchen hat bei seiner Vollversammlung in Vancouver im August 1983 das Konzept der Abschreckung, dessen Glaubwürdigkeit vom möglichen Einsatz von Atomwaffen abhängt, »aus moralischen Gründen« abgelehnt; und Wolfgang Huber bezeichnet – in seinem Beitrag zu diesem Band – die These vom politischen Charakter »der Atomwaffen« als »eine Irreführung«. Aber wäre der Volksaufstand der Arbeiter in der DDR 1953, der Konflikt um die Gewerkschaft Solidarität in Polen von 1981 oder der Abschuß des koreanischen Passagierflugzeugs über Sachalin 1983 ohne die Abschreckungswirkung von Kernwaffen nicht jeweils zu einem konventionellen Krieg mit hunderttausenden Toten eskaliert? Die miniaturisierten und militarisierten Kernwaffen der neuesten Generation sind ohne Zweifel eine neue, bisher ungekannte Gefahr und stellen die seit Jahrzehnten geltende Abschreckungsdoktrin in Frage. Aber darf ich die Entscheidung über den Einsatz solcher Waffen in die sozusagen höhere Sphäre theologischer und moralischer Reflektion delegieren? Muß ich sie nicht der ordinären, kalkulierenden, »politischen« Vernunft vorbehalten? Präziser gesagt: Man kann aus politischen Gründen gegen die Verharmlosung der Kernwaffen zu einer neuen Form der Artillerie eintreten. Aber gibt es eine Rechtfertigung für die Verdammung »der Atomwaffen« – also *aller* Kernwaffen – »aus moralischen Gründen«? Wären – ohne die Existenz von Kernwaffen – zwischen 1945 und heute nicht weit mehr Menschen in konventionellen Kriegen umgekommen als unter der Glocke der – heute allerdings fragwürdig gewordenen – nuklearen Abschreckung?

Aber das waren die Fragen des Politikers, der sich seinerseits kritischen Fragen ausgesetzt sah. Das Thema, so zeigt dieser Band, verdient theoretische Anstrengung und den selbstkritischen Streit mit dem Andersdenkenden. Dafür hat das »Kulturforum der Sozialdemokratie« unter der Regie seiner Geschäftsführerin Linda Reisch eine Möglichkeit geboten. Mein Fazit lautet: Der vielberedete deutsche Konsensus wird den heißen Herbst nur überleben, wenn alle die individuelle Gewissensentscheidung des jeweils anderen ernst nehmen. Wo sich die Kombattanten als Rechtsbrecher, fünfte Kolonne oder halb krankhafte Raketenliebhaber bekämpfen, entsteht ein Klima hysterischer Konfrontation wie im deutschen Herbst 1977. Wenn dann ein Mensch getötet und zum symbolischen Fall, zum Benno Ohnesorg der achtziger Jahre ernannt wird, beginnt eine Spirale des Hasses. Vielleicht kann man sie noch verhindern.

Peter Glotz, Bonn, am 26. September 1983

Über die Autoren

Peter Glotz ist Bundesgeschäftsführer der Sozialdemokratischen Partei Deutschlands.
Günter Schröder ist Vorsitzender der Gewerkschaft der Polizei.
Jo Leinen ist Vorsitzender des Bundes Bürgerinitiativen Umweltschutz.
Jürgen Habermas lehrt an der Universität Frankfurt.
Ralf Dreier ist Inhaber eines Lehrstuhls für Allgemeine Rechtstheorie an der Universität Göttingen.
Horst Schüler-Springorum lehrt am Institut für die gesamten Strafrechtswissenschaften der Universität München.
Helmut Simon ist Richter am Bundesverfassungsgericht in Karlsruhe.
Wolfgang Huber lehrt Sozialethik am Fachbereich Evangelische Theologie der Universität Marburg.
Wolfgang Däubler lehrt Arbeitsrecht an der Universität Bremen.
Jürgen Schmude ist als Abgeordneter der SPD im Deutschen Bundestag; bis 1982 war er Bundesjustizminister.
Klaus Staeck und *Heinrich Böll* beteiligten sich an der Blockade des amerikanischen Atomlagers in Mutlangen.

edition suhrkamp. Neue Folge